スマホでできる！かんたん記帳のはじめ方

本田 忠彦●著

Excelアプリの活用で
経理の基本をマスター

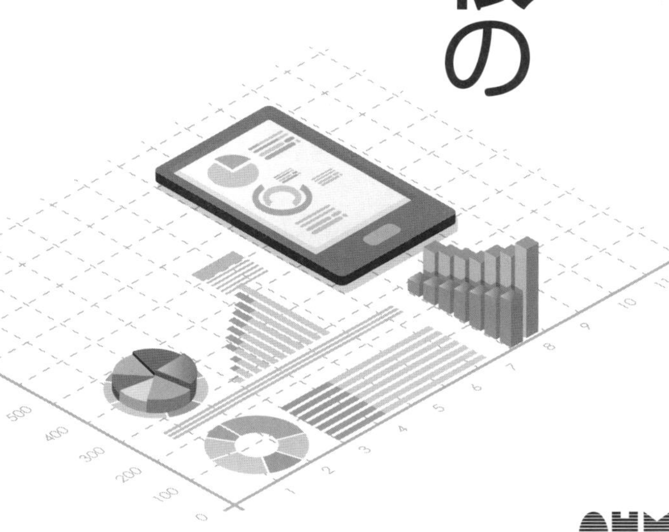

Ohmsha

はじめに

法人，個人に限らず事業を継続，発展させていくためには，利益が必要です．経理は，この利益を算定します．経理の仕事は，一般に，①毎日行うもの（日々の取引の記帳等）②月に一度行うもの（売上・仕入などの集計や請求事務等）③年に一度行うもの（決算・申告・納税等）の三つに分けられます．本書は，その中の①の記帳法を中心に紹介します．もし，はじめの記帳に誤りがあると，そのデータをもとに②と③の仕事が進められますから，不適正な利益が算定されて，経営判断や申告，納税に深刻な影響を与えることになります．それだけに，記帳は大変重要で，経理の基本となります．ここでは，スマートフォン（以降スマホと表記します）を使って学びますから，次のような特長があります．

■スマホ操作に慣れている方であれば，帳簿の準備に 30 分もかかりません．

■独自のわかりやすい手順で仕訳のルールが覚えられ，Excel の編集や自動処理などを利用すれば，入力ミスを気にせずに記帳が進められます．

■テーブル機能で，入力したデータの集計，抽出が簡単に実行でき，各帳簿の仕組みがよくわかります．

本書は，次のような方にお勧めします．

・独立・起業する人………スマホで，事業の経営状況を，いつでもどこでも数字で把握できますから，経営センスが大きく向上します．数字に強い経営者になるために，経理の基本知識は欠かせません．

・副業する人………一般に，副業は，雑所得などの所得区分に分類されますが，その収入や必要経費を認めてもらうために，記帳は，大変有効です．

・社会人………企業活動をサポートする経理の知識は，さまざまなビジネスシーンで役立つと考えられます．記帳の知識を基礎として，さらに勉強すれば会社の財務諸表や業績なども読めるようになります．
・学生………簿記会計が苦手な人，これから簿記検定を目指そうという人には，実務面からの仕訳のアプローチは，勉強の参考になるはずです．また，就職活動時は，各会社の財政状態等の把握に役立ちます．
・会計ソフトの選択に迷っている人………自分の経理知識に合わせて選ぶのが最も合理的とされています．したがって一通り記帳知識を身につけてから，自分の事業に最適な会計ソフトを選びましょう．
※本書で作成した帳簿データ（Excel ファイル）は，ほとんどの会計ソフト（インポート機能等を装備）で読み込んで利用できます．詳細は，各会計ソフト会社にお問い合わせください．
・仕訳が苦手な会計ソフト利用者………記帳の知識がなくて，ソフト任せにしていると仕訳のチェックもできず，間違った決算書で申告しているかもしれません．税務署からの修正等の問合せにも合理的な説明が求められます．また，経営や節税に有利な処理法を見出すには，記帳の知識が不可欠です．
・経理を他人に丸投げしている経営者………記帳の流れがわかるようになると，報告される会計データが今以上に理解でき，活用の幅が広がります．

経理やスマホ Excel に，興味や関心のある方にとって，本書が少しでもお役に立てれば幸いです．

本書の刊行にあたり，オーム社書籍編集局の皆さんから多大なご尽力をいただきました．ここに厚く御礼申し上げます．

2017 年 10 月

本田 忠彦

本書の利用にあたって

☞ アプリの準備

紹介している記帳法を，実際に試してみるには，Excel アプリが必要です．そのインストール方法・使用権限等については，iPhone 用アプリは App Store, Android 用アプリは Google Play などをご覧ください．

☞ スマホのスキル

スマホ操作のスキル（技能）については，各種アプリがインストールでき，キーボードから文字入力が行えるレベルを標準としています．もちろん，スマホ初心者でも，活用したいという熱意があれば，帳簿作成は可能ですが，他の教則本などでスマホの基礎を身につける必要があります．

☞ 図と操作手順について

本文中の主な画面や操作のイラスト等は，最新バージョン（執筆時点）のものですが，Excel アプリは，定期的に更新プログラムがリリースされており，表示が異なってしまう可能性があります．また，iPhone スマホを中心にとりあげていますから，Android スマホとは，相違する部分があります．もちろん，紹介している操作手順等は，すべて一例ですから，他にも適当な操作法がある場合がほとんどです．

☞ Excel について

帳簿やその作成法などの動作確認は，一通り行っていますが，プログラム更新等のため，そのすべての動作は保証できません．また，スマホの種類，OS バージョンや環境設定などの違いにより，記述通りに動かない可能性があります．

☞ 記帳対象の事業

売上高 1,000 万円以下の小規模な個人事業を目安とした記帳法を紹介しています．税の申告は白色で，消費税は税込経理方式です．申告の種類や方式などについては，次ページ以降にまとめています．

記帳に関する用語

☞ 白色申告と青色申告

個人事業主は，1年間（1月1日から12月31日までの間）に生じた所得金額を正しく計算して申告します．その申告には，白色申告と青色申告とよばれる二つの方法があります．青色申告は，青色申告特別控除（最高65万円），青色事業専従者給与の必要経費算入などの特典がありますが，指定された期限までに「所得税の青色申告承認申請書」とよばれる書類を納税地の所轄税務署長に提出する必要があります．したがって，その申請を行わない場合，自動的に白色申告となります．

☞ 記帳・帳簿等の保存制度

白色申告で，この制度の対象者は「事業所得，不動産所得，又は，山林所得を生ずべき業務を行う全ての方」となっています．注意点は，事業が赤字で所得税等の申告が必要ない方も制度の対象となることです．

記帳内容については，収入金額や必要経費に関する事項について「取引の年月日，相手方の名称，金額や日々の売上げ・仕入れの合計金額等」を帳簿に記載します．そして，その際「一つ一つの取引ごとではなく日々の合計金額をまとめて記載するなど，簡易な方法で記載してもよい」とされています．また，帳簿・書類等の保存期間は次のとおりです．

保存が必要なもの		保存期間※
帳簿	収入金額や必要経費を記載した帳簿（法定帳簿）	7年
	業務に関して作成した上記以外の帳簿（任意帳簿）	5年
書類	決算に関して作成した棚卸表その他の書類	5年
	業務に関して作成し，又は受領した請求書，納品書，送り状，領収書などの書類	5年

※保存期間の起算点は，帳簿についてはその年の翌年3月15日，書類についてはその作成又は受領の日の属する年の翌年3月15日．

保存期間が7年と5年とに分かれていますが，実務的には，すべて7年を目安に保存しておけば分類する手間がかからないことになります．

なお，帳簿，書類等は，紙での保存が原則※です．したがって，本書で紹介するスマホで作成した帳簿一式は，ファイルの保存に加えて，定期的にプリントアウトして適正に保管する必要があります．また，記帳（入力）の際，請求書などはすべてスマホで撮影しますが，こちらも現物（紙）の保存が必要になります．

※帳簿書類の電子データやスキャナ保存等が認められる事例については，国税庁ホームページで調べることができます（「電子帳簿保存法」などの言葉で検索）．

☞ 消費税の納税義務の免除

消費税では，前々年の売上高が 1,000 万円以下の事業者は，納税の義務が免除されます※．したがって，開業して 2 年間と売上が少ない間は，消費税申告の必要がありません．

※平成 25 年 1 月 1 日以後に開始する年又は事業年度については，前々年の売上高が 1,000 万円以下であっても前年の 1 月 1 日から 6 月 30 日までの期間における売上高が 1,000 万円を超えた場合，当課税期間から課税事業者となります．

☞ 消費税の記帳方式

消費税の記帳法は，次の二通りがあります．いずれも納付すべき消費税は同額になり，どちらの方式を選択してもかまいませんが，原則として，すべての取引について同じ方式で記帳しなければなりません．

- 税込経理方式……課税売上げ，課税仕入れ等に係る消費税に相当する額をその売上金額，仕入金額に含めて処理する．
- 税抜経理方式……課税売上げ，課税仕入れ等に係る消費税に相当する額を，仮受消費税等，仮払消費税等として科目を設け，その売上金額，仕入金額に含めないで処理する．

☞ 法令等について

本書の内容は，原則として，執筆時点の法令や通達等に基づいたものです．したがって，実際の帳簿の運用や記帳にあたっては，国税庁ホームページなどで最新の法令等を確認しなければなりません．

目　次

1章

帳簿の準備

1 仕訳帳の準備

スマホの記帳（入力）は，次の仕訳帳とよばれる帳簿（シート）で行います．作成はとても簡単ですが，Excel の機能が使えますから，大変優れた特長を備えています．

1 スマホ仕訳帳のフォーム

〔完成イメージ〕

	A	B	C	D	E
1	#	日付	借方科目	借方金額	貸方科目
2	1				
3	2				
4	3				
5					
9					
10					

仕訳帳　＋

このボタンで日付順に並べられるのでデータの追加や訂正は自由に行える（p.100）

表に隣接するセルに文字を入力するだけで記入欄は自動で増える（p.20）

クリックして科目ごとの表示や集計作業ができる（p.102）

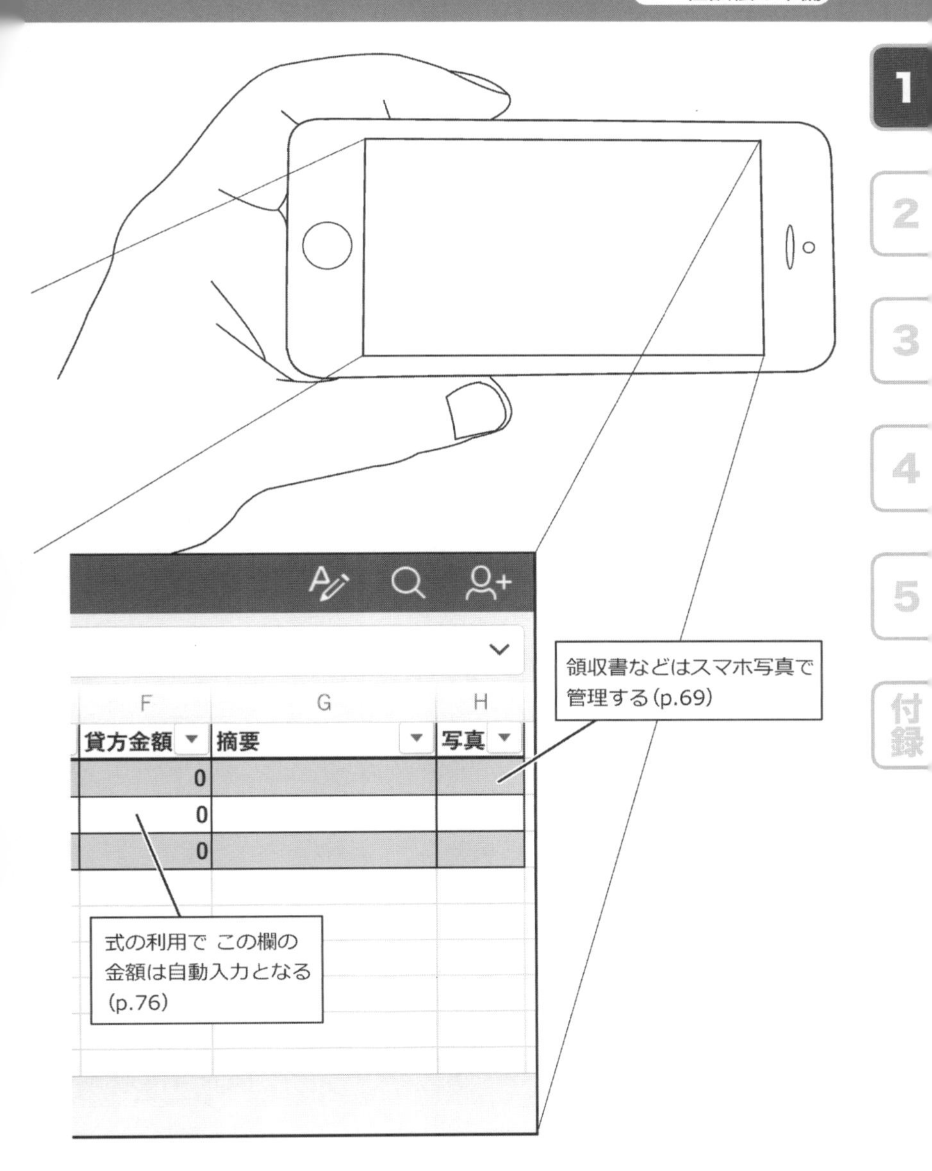
F
G
H
貸方金額
摘要
写真
0
0
0
領収書などはスマホ写真で管理する（p.69）
式の利用で この欄の金額は自動入力となる（p.76）

2 Excel の起動と画面例

スマホにインストールした Excel を起動して，次のシート（Sheet1）を表示しましょう．Excel の画面は，iPhone（iOS）と Android スマホでは，次のように多少異なります．

① ホーム画面の（アイコン）をタップして Excel を起動する

② ［新規］→［空白のブック］でワークシートが表示される

（Excel の使用状況によっては②で自動的にファイルが開きワークシートが表示される場合もあります）

（Excel for iOS の画面例）

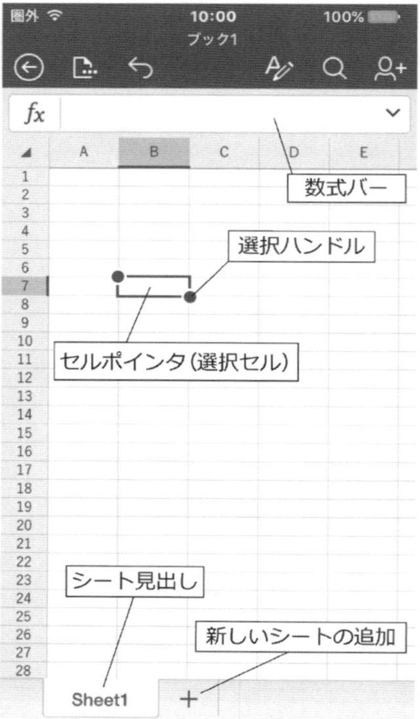

※ Excelの画面デザインや各部の名称は，アプリの更新等により変更される可能性があります．また，記載名称には，公式でないものも含まれています．

Excelの起動は アイコンのタップ！

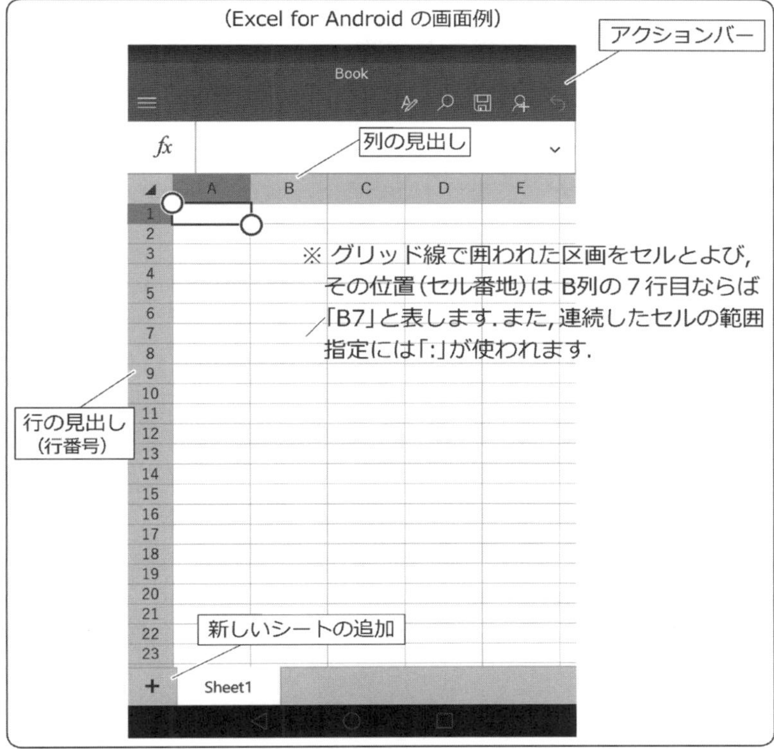
(Excel for Android の画面例)
アクションバー
Book
fx
列の見出し
A B C D E
1 2 3 4 5 6 7 8 9 10 11 12 13 14 15 16 17 18 19 20 21 22 23
※ グリッド線で囲われた区画をセルとよび，その位置（セル番地）は B列の 7 行目ならば「B7」と表します．また，連続したセルの範囲指定には「:」が使われます．
行の見出し
（行番号）
新しいシートの追加
+
Sheet1

3 表の作成

シート上に，次の手順で表を作成します．なお，各項目（見出し）の内容などについては，3章「記帳の基礎」でとりあげます．

①セル範囲A1:H1 に 次の8つの項目(見出し)名を入力

	A	B	C	D	E
1	#	日付	借方科目	借方金額	貸方科目
2					
3					
4					
5					
6					

(読み)かりかた　　かしかた

②セル範囲A2:A4 に「1」「2」「3」の数値を入力

	A	B	C	D	E
1	#	日付	借方科目	借方金額	貸方科目
2	1				
3	2				
4	3				
5					
6					

F	G	H
貸方金額	摘要	写真

てきよう

セルに文字を入力するには

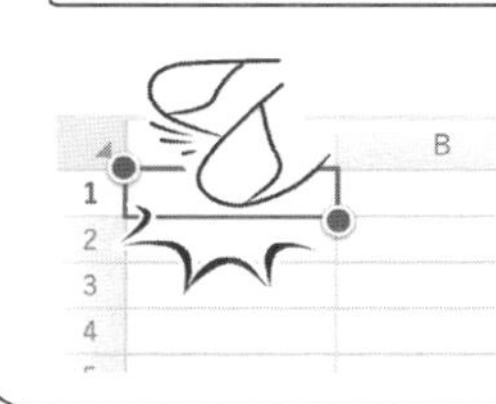

本書では 主にダブルタップを紹介
（画面を 指で二度軽くポンポンとたたく操作）

続けて他のセルに入力する場合など
キーボードが表示されているときはタップ

入力の終了時は  をタップ

入力や操作を間違えて 元に戻るには

アンドウ※アイコンをタップ

（iPhone）

（Android系）

※ 直前の操作を取り消して元の状態に戻す機能

4 表のテーブル変換

ここで，作成した表をテーブルに変換します．なお，iPhone，Android スマホとも，ほぼ同じ手順となります．

表内の任意の1セル(図ではA1)をタップ

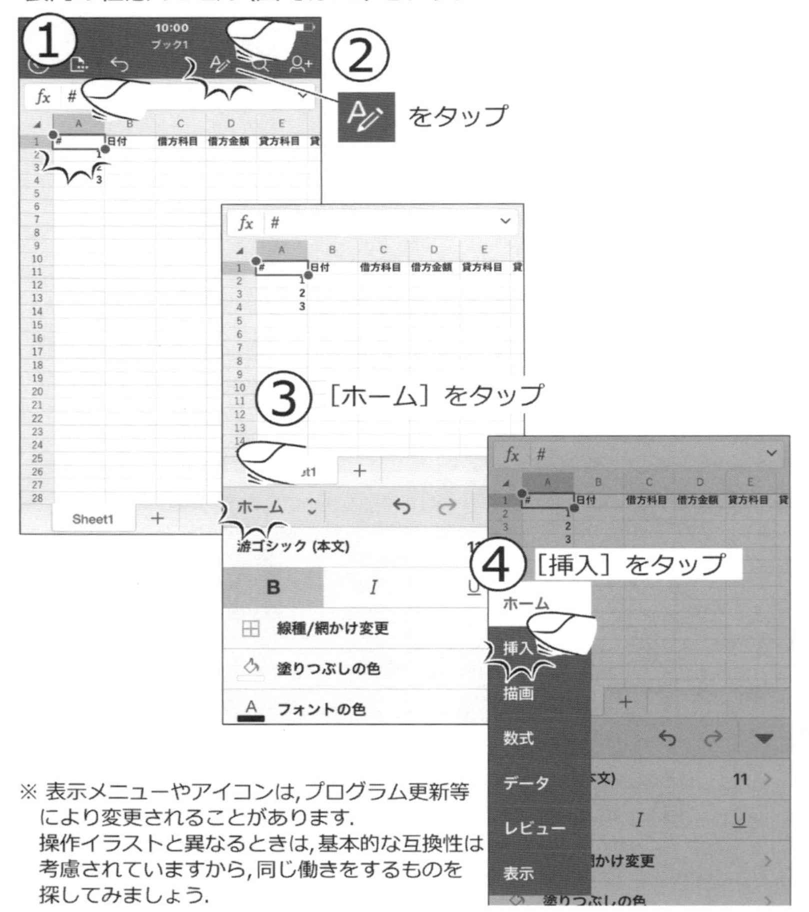

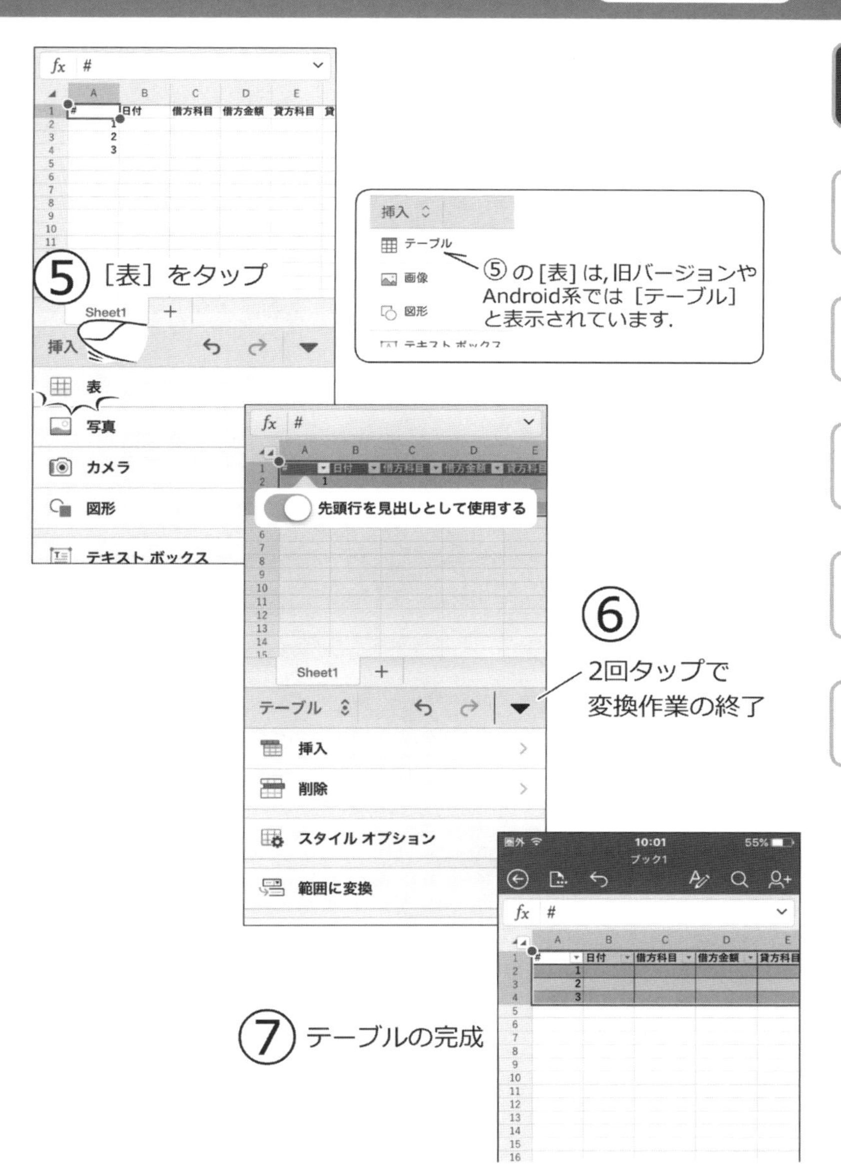
fx #
#
日付
借方科目
借方金額
貸方科目
⑤ [表] をタップ
Sheet1
挿入
表
写真
カメラ
図形
テキスト ボックス
挿入
テーブル
画像
図形
⑤の [表] は, 旧バージョンや
Android系では [テーブル]
と表示されています.
先頭行を見出しとして使用する
⑥
2回タップで
変換作業の終了
テーブル
挿入
削除
スタイル オプション
範囲に変換
10:01
ブック1
⑦ テーブルの完成

5 テーブル表示の調整

スマホ画面は大変コンパクトですから，帳簿がわかりやすく，操作性も良くなるように，セルの列幅や行の高さを調整しましょう．

とくに画面の小さなスマホの場合は，右ページの 2）のドラッグ操作などは，難しくなる傾向があります．慣れるまでに少し時間がかかるかもしれません．

ここでは，仕訳帳全体が見わたせるように，各列幅を拡大・縮小して，次のデザインにしています．

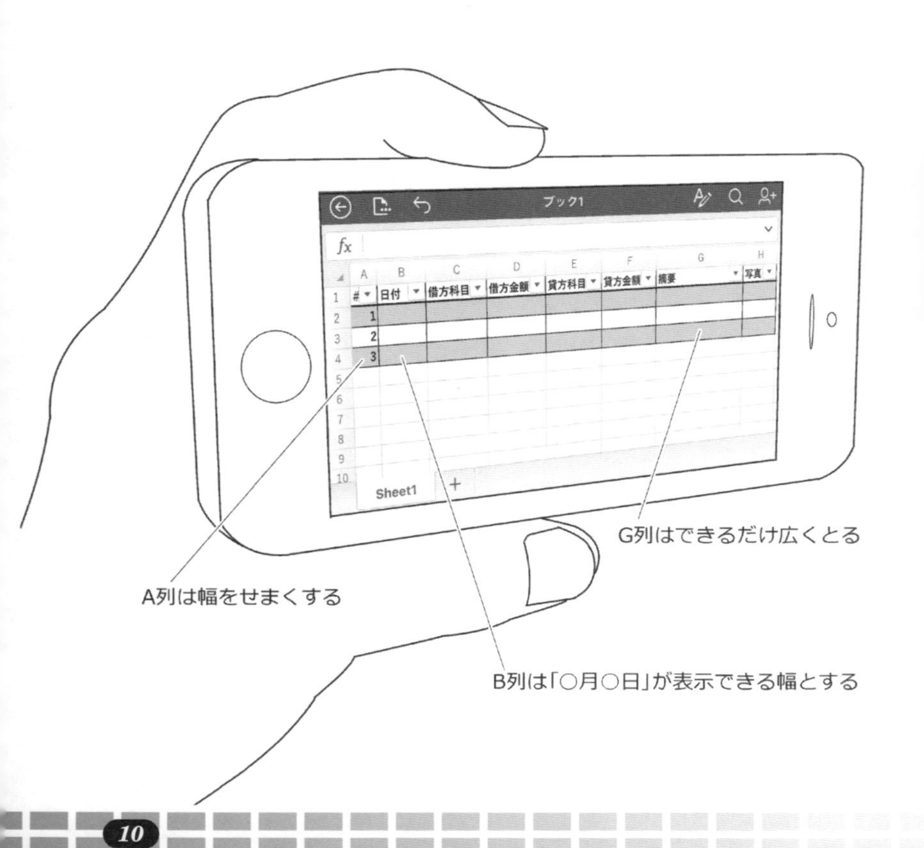

<列幅の調整例>

1）列の見出し（図では「A」）をダブルタップすると
その列の最長データにあわせて 列幅を自動調整する

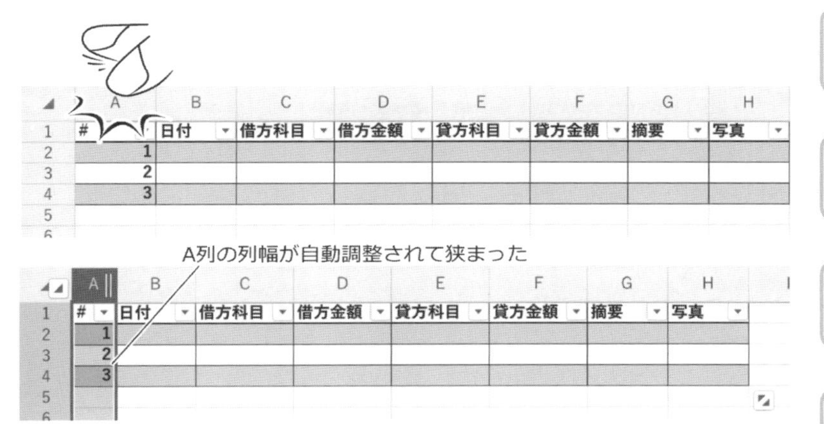

2）列の見出し（図では「G」）をタップして

表示される  部分をドラッグ[注)]して列幅を調整する

注）画面にタッチ（触れた）後 指を離さずにスライドさせる操作

6　シート見出し

最後に，シート見出しに「仕訳帳」と入力して，スマホ仕訳帳の準備完了です．

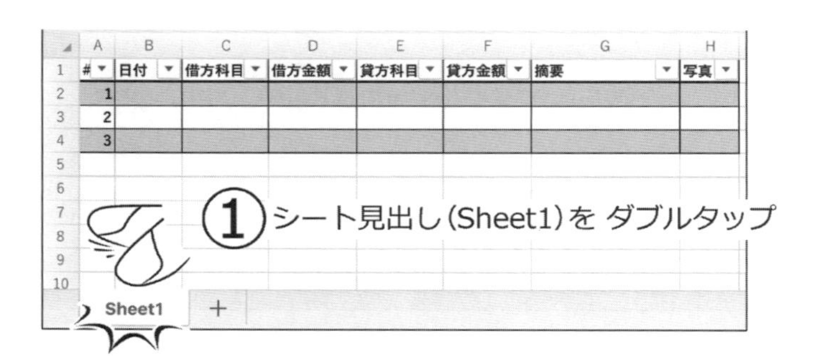

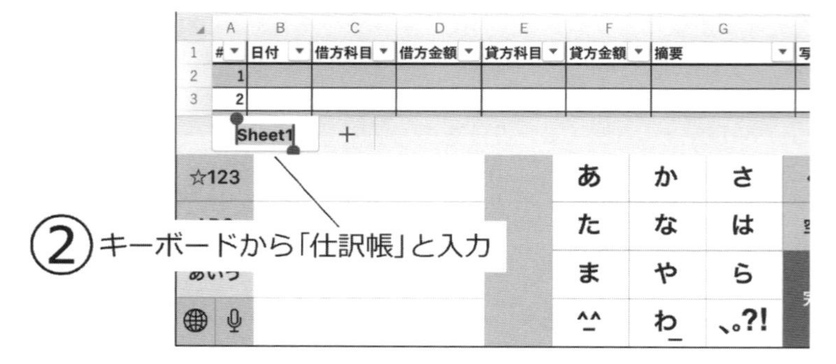

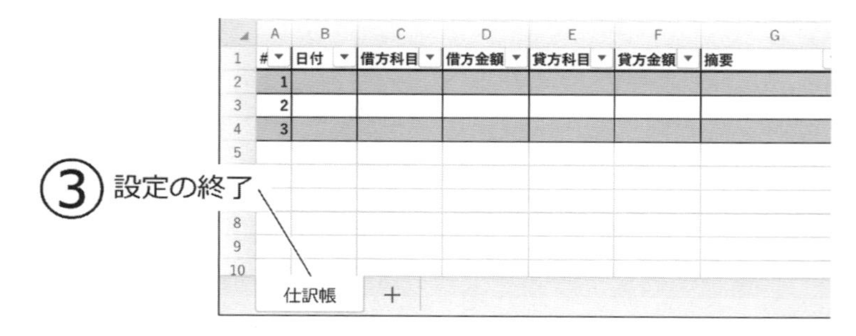

準備した仕訳帳（テーブル）の記入欄は，わずか 3 行だけですが，行や列の挿入，テーブルの右側や下の隣接セルにデータを入力するなどの方法で，簡単に増やせます．

ここでは，拡張アイコンを使った記入欄の増やし方を紹介しましょう．仕訳帳の拡張法が確認できたら，アンドゥアイコン（戻るボタン）をタップして，前ページの仕訳帳の状態に戻しておきます．

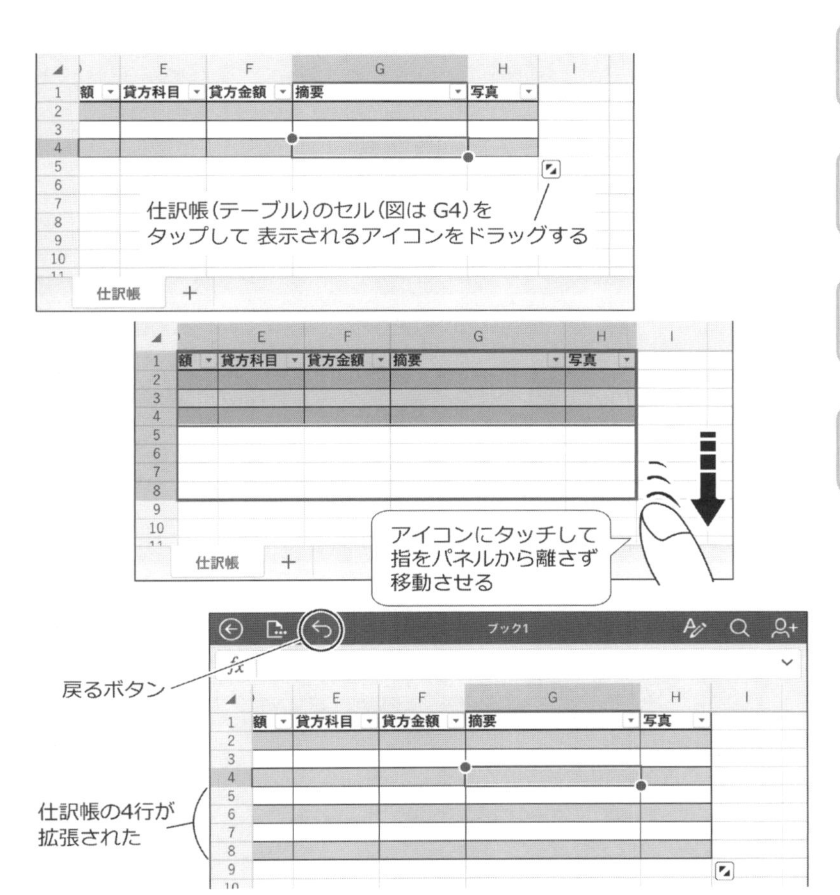

2 試算表の準備

仕訳帳の次は，そのデータを集計して事業の利益（所得）が把握できる試算表とよばれるシートを準備します．

1 スマホ試算表のフォーム

〔完成イメージ〕

区分と使用科目は自分の事業取引に合わせて
青色申告決算書の科目から選択する(p.52)

ブック1

fx

	A	B	C	
1	区分	使用科目	借方合計	貸方
2	資産	現金		
3	資産	売掛金		
4	負債	買掛金		
5	収入	売上		
6	売上原価	仕入		
7	経費	広告宣伝費		
8	ー	諸口		
9				
10				

仕訳帳　試算表　＋

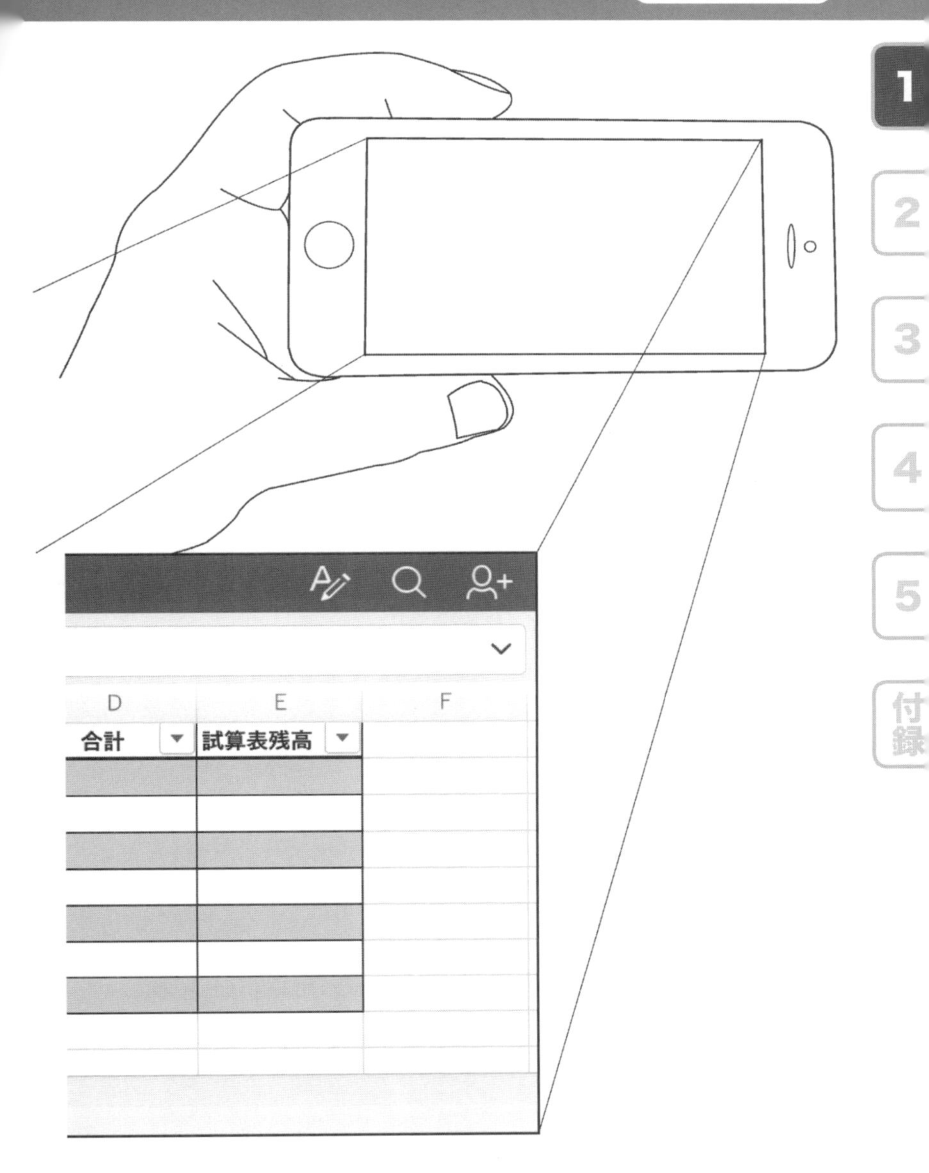
D
E
F
合計
試算表残高

2　新シートの準備

試算表のテーブルを作るために，仕訳帳シートの隣に，「+」をタップして新しいシートを用意します．そのシート見出しには「試算表」と入力しましょう．

	A	B	C	D	E	F	G
1	#	日付	借方科目	借方金額	貸方科目	貸方金額	摘要
2	1						
3	2						
4	3						
5							
6							
7							
8							
9							
10							

①「+」をタップ

仕訳帳　+

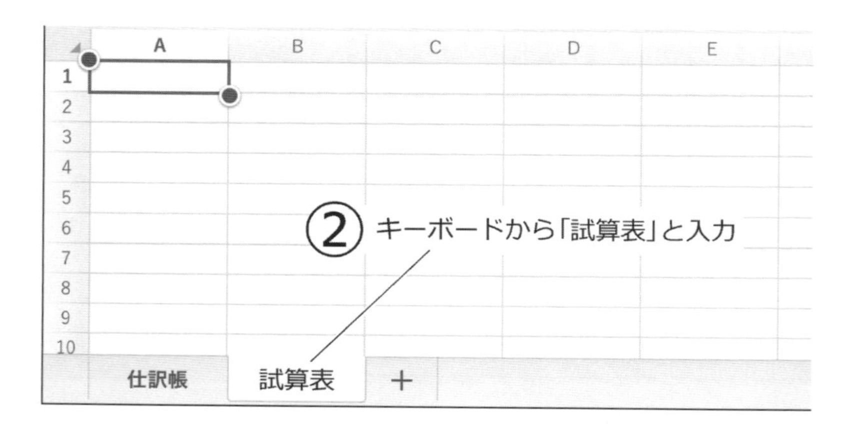

3 使用科目の入力

試算表のシートには，次の文字を入力します．各用語の具体的な内容については「3章　記帳の基礎」で紹介しますが，本書では，B列に入力したものを使用科目とよぶことにします．

使用科目は，利益算定の基礎となるものですが，スマホ帳簿では，自分の事業スタイルに合わせて，自由に設定できるメリットがあります．

セル範囲A1:B7に 次の文字を入力

	A	B	C
1	資産	現金	
2	資産	売掛金	
3	負債	買掛金	
4	収入	売上	
5	売上原価	仕入	
6	経費	広告宣伝費	
7	ー	諸口	
8			
9			
10			

仕訳帳　試算表　＋

うりかけきん（売掛金）
かいかけきん（買掛金）
記号（ー）
しょくち（諸口）

4 テーブルに変換

表をテーブルに変換します.

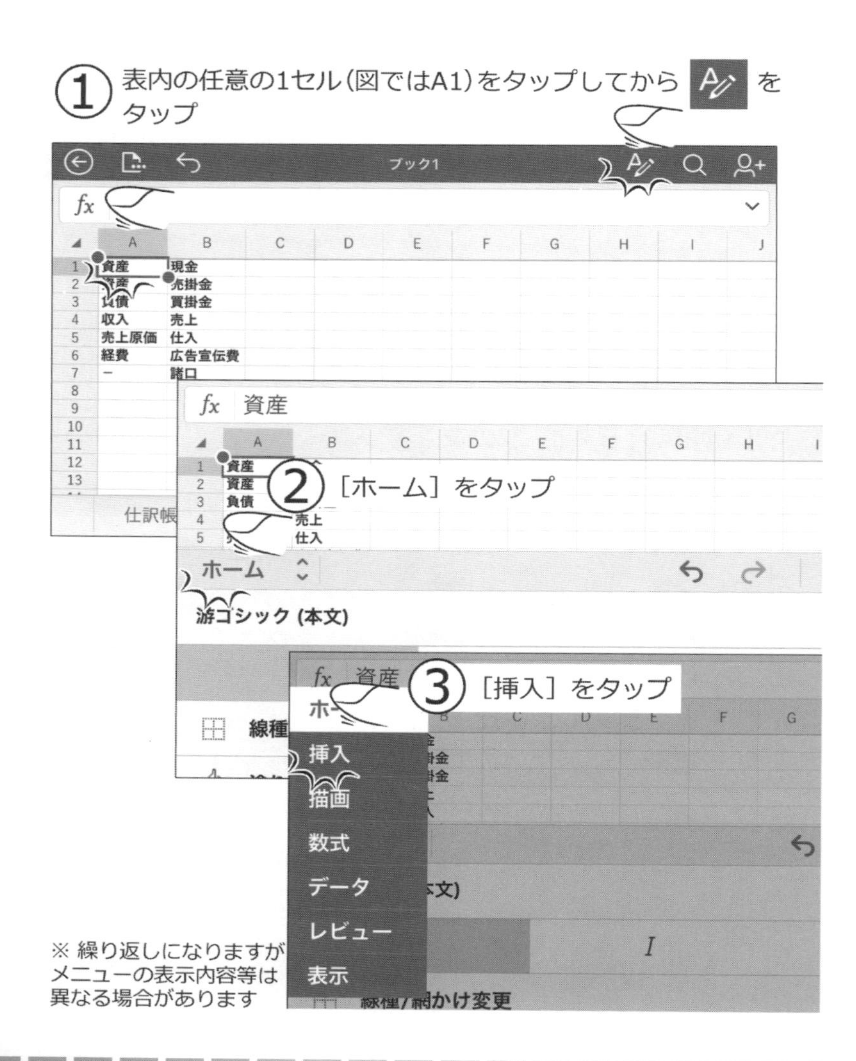

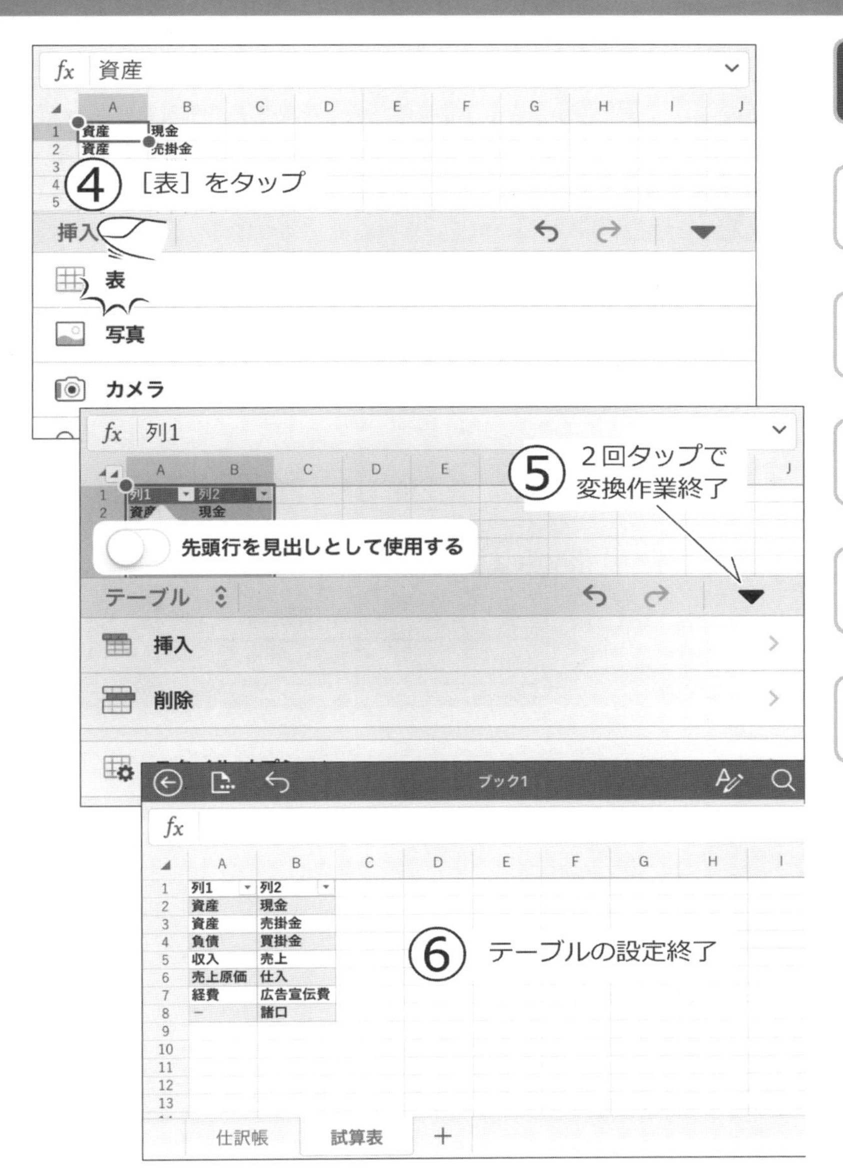
fx 資産
資産 現金
資産 売掛金
④ ［表］をタップ
挿入
表
写真
カメラ
fx 列1
列1 列2
資産 現金
⑤ 2回タップで変換作業終了
先頭行を見出しとして使用する
テーブル
挿入
削除
ブック1
列1 列2
資産 現金
資産 売掛金
負債 買掛金
収入 売上
売上原価 仕入
経費 広告宣伝費
ー 諸口
⑥ テーブルの設定終了
仕訳帳
試算表

5　項目の修正と拡張

変換されたテーブルの1行目には，自動で「列1」「列2」の項目が挿入されますから，これらを「区分」「使用科目」の文字に変更します．

そして，次の手順を使って，テーブルの右方向に**隣接するセルにデータを入力**して，新たに三つの項目「借方合計」「貸方合計」「試算表残高」を設けます．

① セルA1に「区分」 B1に「使用科目」を入力

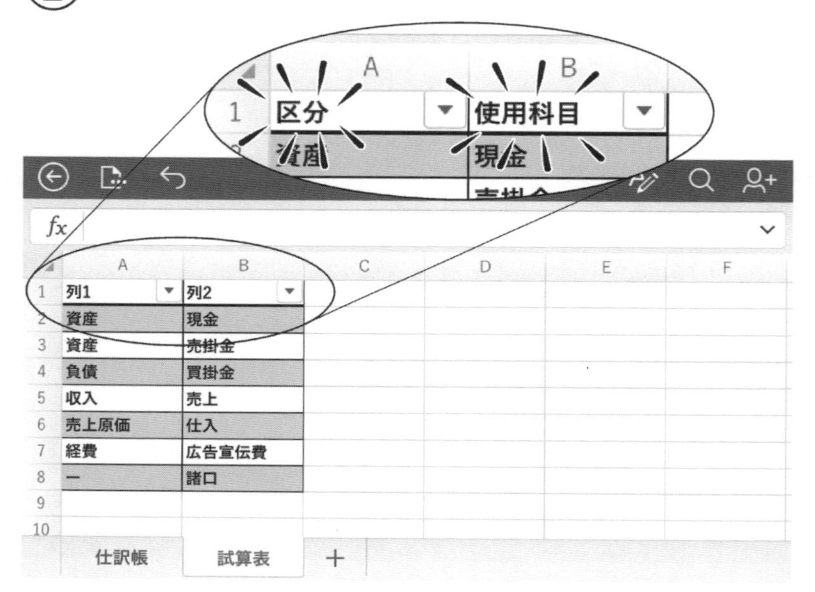

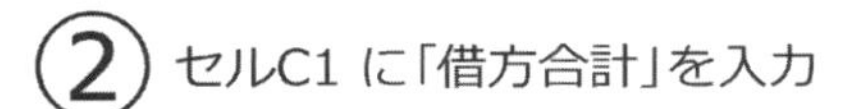

② セルC1 に「借方合計」を入力

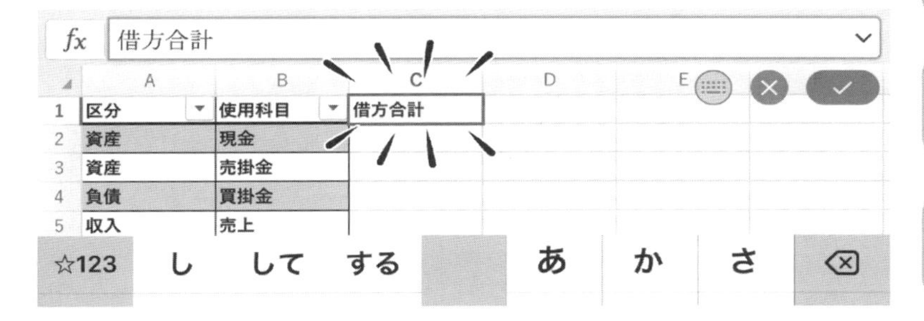

③ セルD1 をタップして「貸方合計」を入力

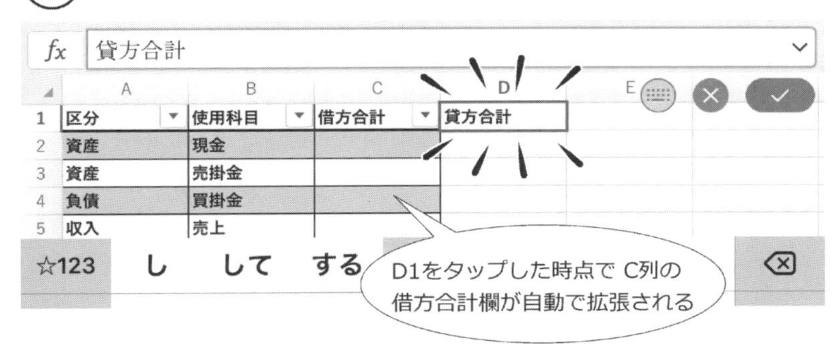

④ セルE1 をタップして「試算表残高」を入力

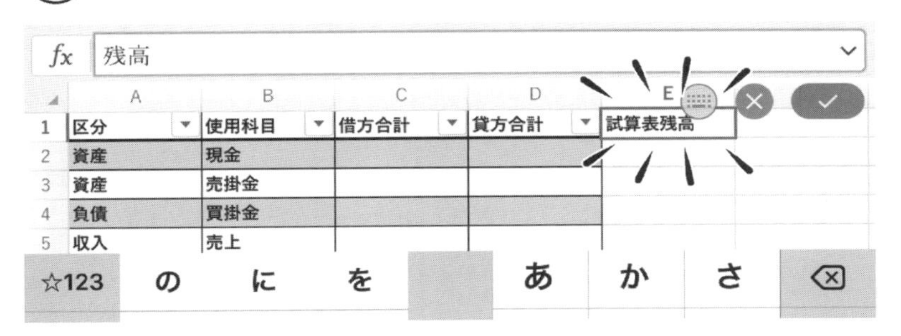

ブック1

fx 試算表残高

	A	B	C	D	E	F
1	区分	使用科目	借方合計	貸方合計	試算表残高	
2	資産	現金				
3	資産	売掛金				
4	負債	買掛金				
5	収入	売上				
6	売上原価	仕入				
7	経費	広告宣伝費				
8	ー	諸口				
9						
10						

仕訳帳　試算表　＋

ここまで紹介した帳簿のデザインは一例ですから，帳簿のしくみが理解できたら，列幅や行の高さを調整して，自分の使いやすい形に変更します．自分の使いやすいように，デザインできる点が，スマホ帳簿の魅力の一つです．取引内容を，より詳しく知りたければ，摘要欄を広げ，重要項目と考えれば，帳簿の最初に配置できます．紙の帳簿や市販の会計ソフトでは，なかなかそうはいきません．

なお，スマホの画面が小さい場合は，どうしても操作性が悪くなってしまいます．とくに，セルの選択や列幅の調整などでは，思いどおりにアプリが反応せず，苦労するかもしれません．しかし，スマホには，右イラストの二本の指で画面をつまんだり，広げたりするピンチイン，ピンチアウトとよばれる操作なども使えますから，こうした機能を十分活用しながら，帳簿を作成していきましょう．

ピンチイン・アウトでも 帳簿の画面を調整できる！

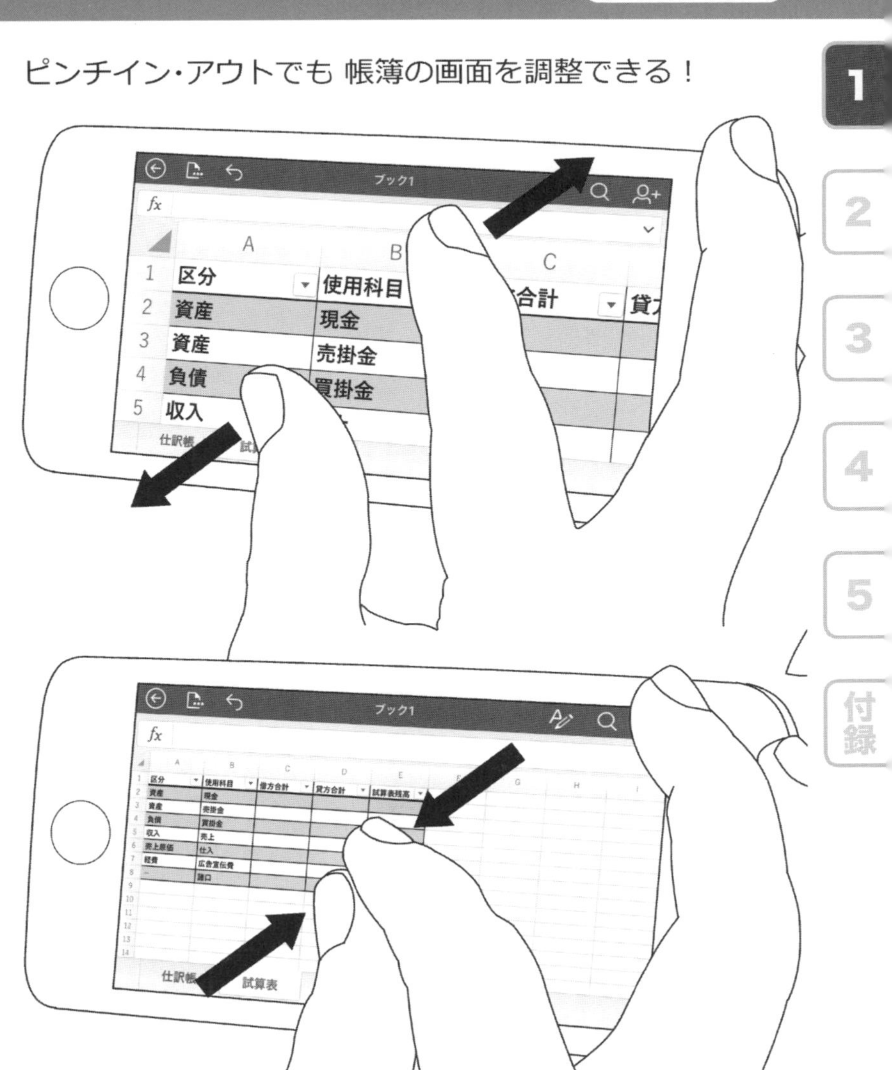

2章

関数と数式の設定

1 関数の設定

試算表の「借方合計」と「貸方合計」は，仕訳帳のデータから，SUMIF（サムイフ）とよばれる関数を使い，自動的に集計して表示させます．

1 SUMIF 関数の働き

試算表の現金科目の借方合計を SUMIF 関数で求めるには，セル C2 に「＝sumif(」と入力後に，次の 3 つのデータを順に設定します．

① 範囲：仕訳帳の「借方科目」を範囲指定
② 検索条件：「"現金"」(現金科目の金額だけを抜き出す)
③ 合計範囲：仕訳帳の「借方金額」を範囲指定

これで，SUMIF 関数は，指定した範囲の中から，検索条件 "現金" に合致した現金科目だけの金額を抜き出して合計してくれます．

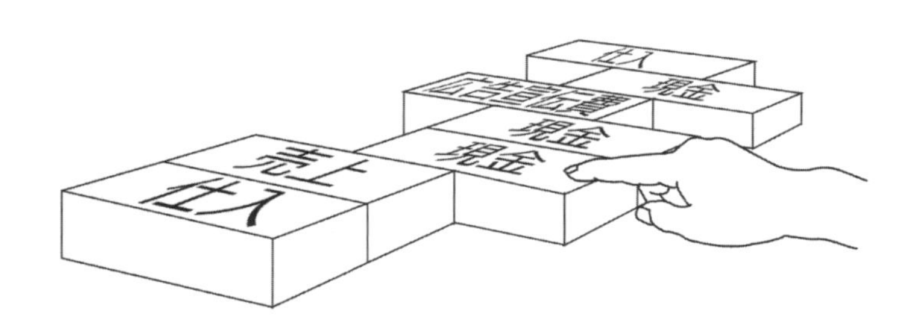

〈借方合計を求める例〉

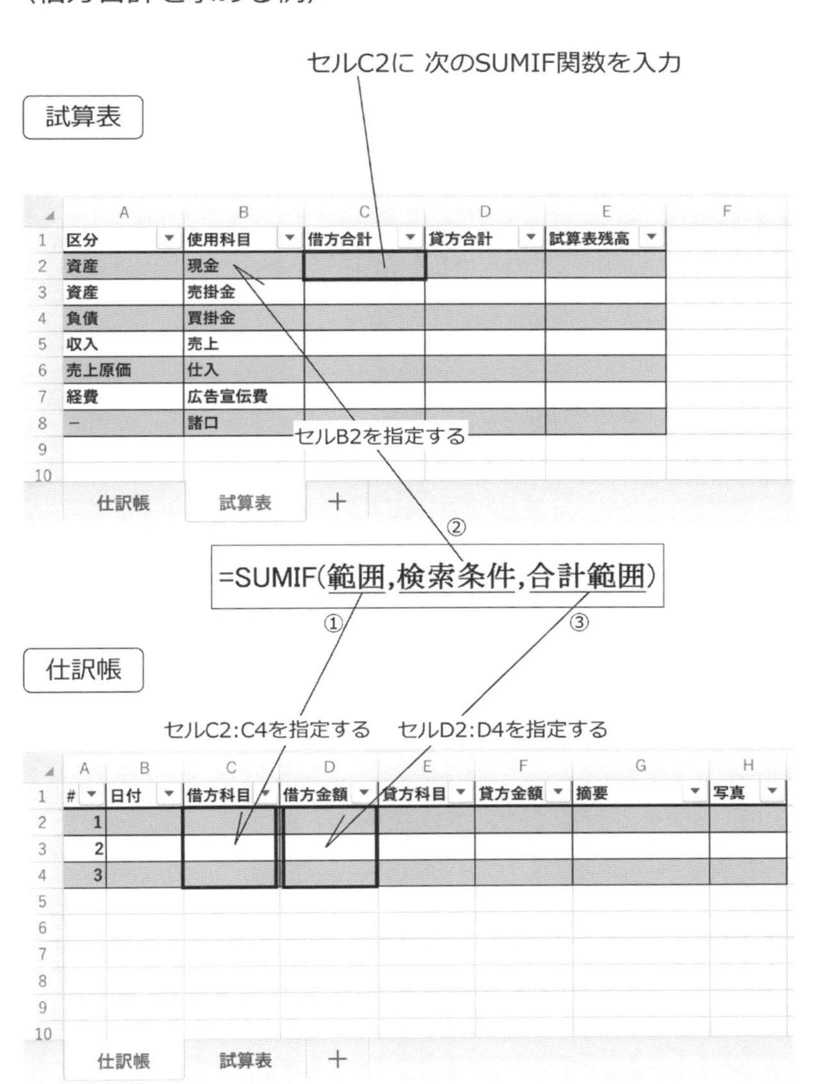
セルC2に 次のSUMIF関数を入力
試算表
区分
使用科目
借方合計
貸方合計
試算表残高
資産
現金
資産
売掛金
負債
買掛金
収入
売上
売上原価
仕入
経費
広告宣伝費
−
諸口
セルB2を指定する
仕訳帳
試算表
②
=SUMIF(範囲,検索条件,合計範囲)
①
③
仕訳帳
セルC2:C4を指定する
セルD2:D4を指定する
#
日付
借方科目
借方金額
貸方科目
貸方金額
摘要
写真
仕訳帳
試算表

2 関数設定の手順

SUMIF 関数で，複数のシート（試算表と仕訳帳）にまたがる範囲を指定する場合は，シート名をタップしてその切り替えを行います．

このとき，画面が横向きだと，シート名がキーボードに隠れて，操作できないことがあります．また，関数の設定で画面が狭いと，セルが指よりも小さくなり，範囲指定などが思うように行えないかもしれません．手順のイラストを確認しながら，一つひとつ慎重に操作を進めましょう．

〈借方合計を求める関数の設定〉

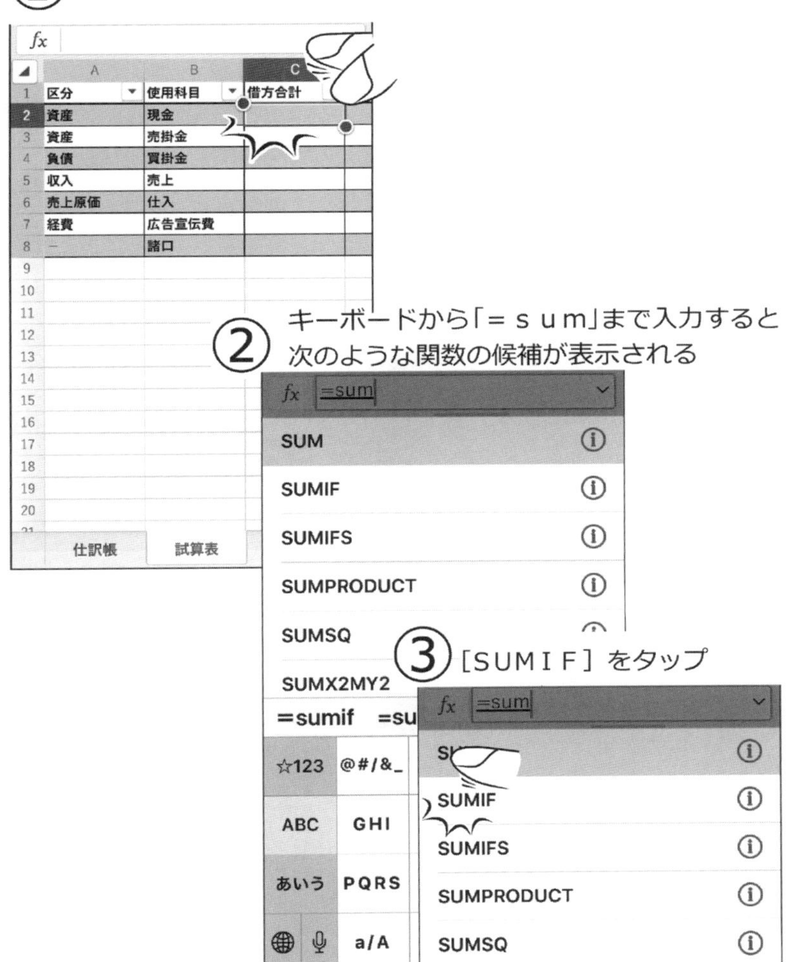

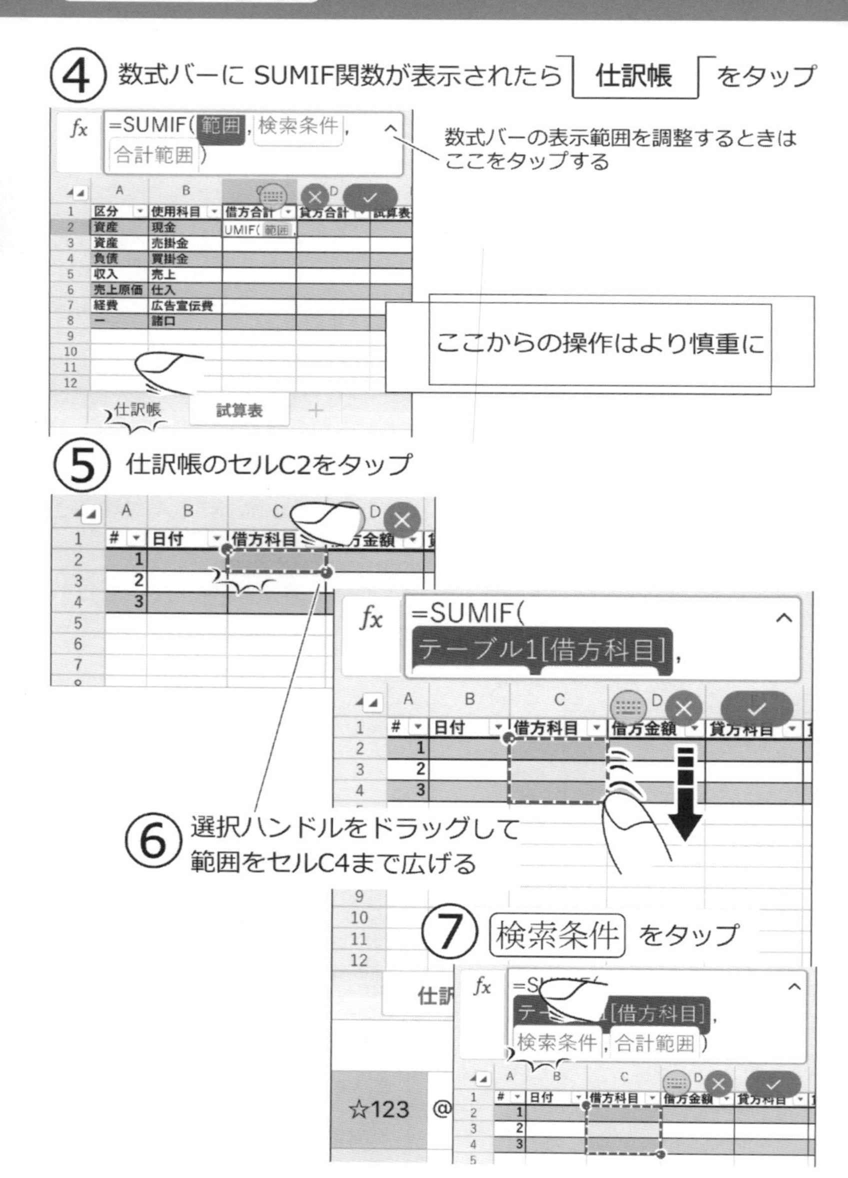
④ 数式バーに SUMIF関数が表示されたら［仕訳帳］をタップ
=SUMIF(範囲, 検索条件, 合計範囲)
数式バーの表示範囲を調整するときはここをタップする
区分
使用科目
借方合計
貸方合計
試算表
資産
現金
資産
売掛金
負債
買掛金
収入
売上
売上原価
仕入
経費
広告宣伝費
ー
諸口
ここからの操作はより慎重に
仕訳帳
試算表
⑤ 仕訳帳のセルC2をタップ
#
日付
借方科目
借方金額
=SUMIF(
テーブル1[借方科目],
貸方科目
⑥ 選択ハンドルをドラッグして範囲をセルC4まで広げる
⑦ 検索条件 をタップ
検索条件, 合計範囲)
☆123
@

⑧「試算表」をタップして 入力セル画面に戻る

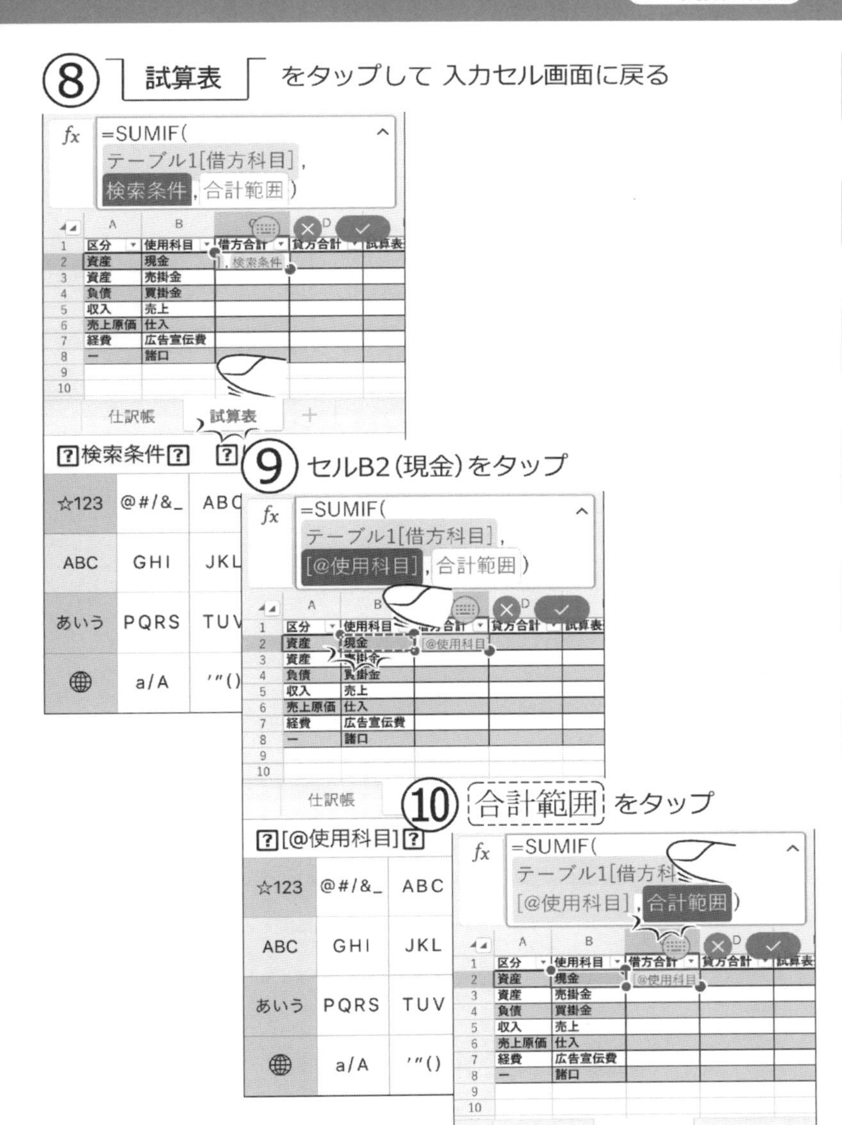

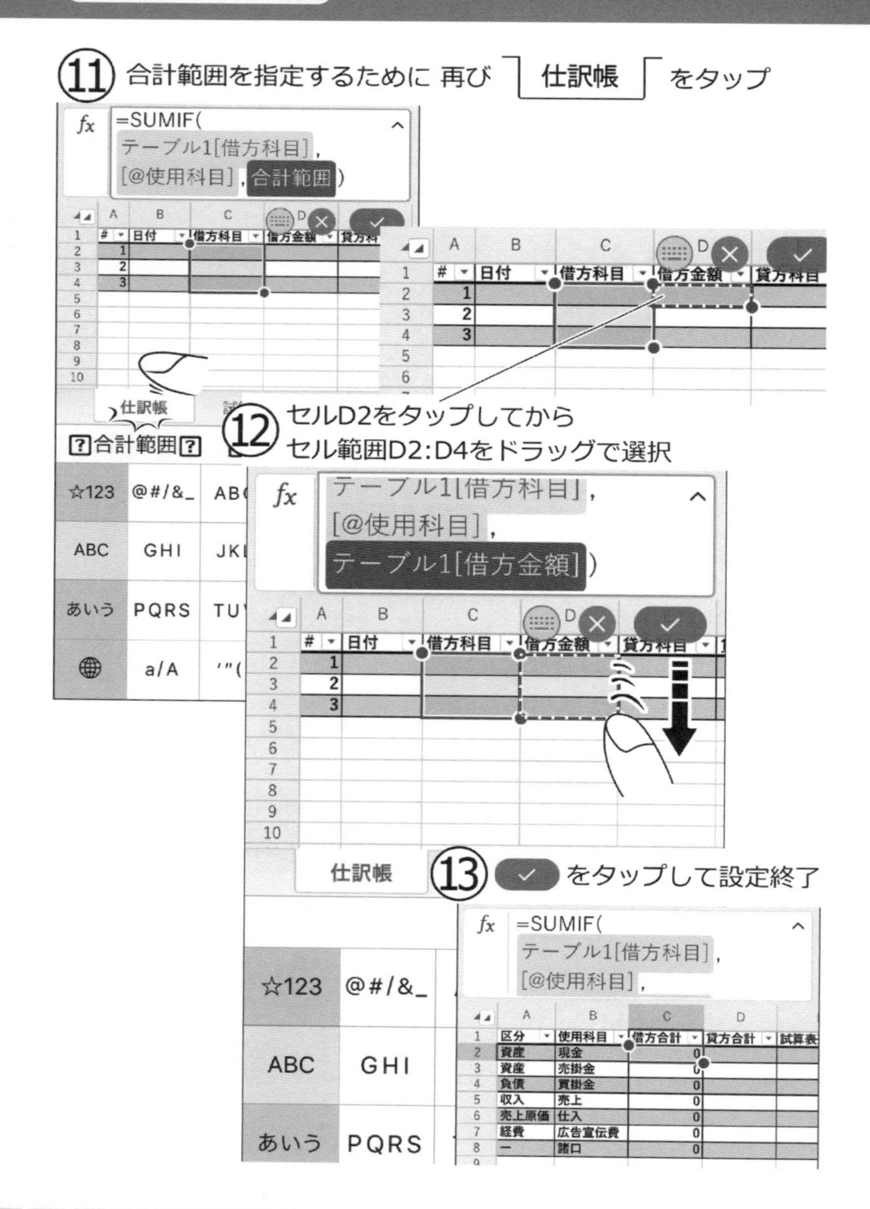

⑪ 合計範囲を指定するために 再び 「仕訳帳」 をタップ
=SUMIF(
テーブル1[借方科目],
[@使用科目], 合計範囲)
仕訳帳
?合計範囲?
☆123
@#/&_
ABC
GHI
あいう
PQRS
a/A
⑫ セルD2をタップしてから
セル範囲D2:D4をドラッグで選択
テーブル1[借方科目],
[@使用科目],
テーブル1[借方金額])
#
日付
借方科目
借方金額
貸方科目
仕訳帳
⑬ ✓ をタップして設定終了
=SUMIF(
テーブル1[借方科目],
[@使用科目],
区分
使用科目
借方合計
貸方合計
資産
現金
資産
売掛金
負債
買掛金
収入
売上
売上原価
仕入
経費
広告宣伝費
ー
諸口

※ スマホを横方向にして 入力されたSUMIF関数を確認します.
もし, 間違いがあれば, ここで修正しておきましょう.

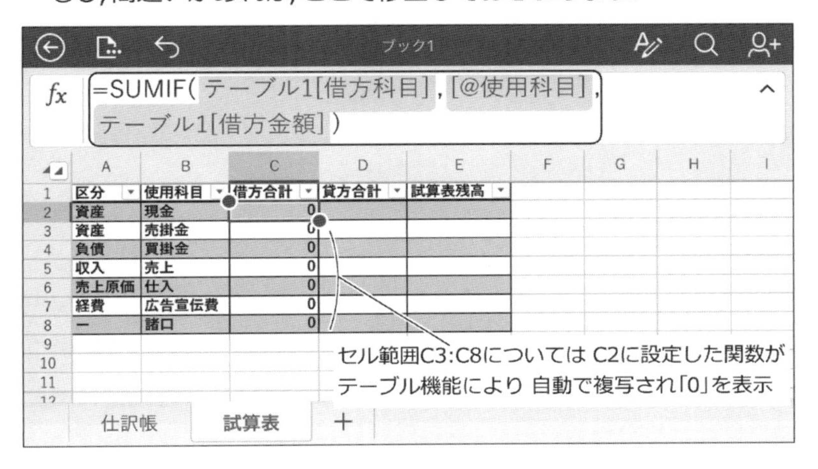

なお, SUMIF関数の(　)内のデータ(引数(ひきすう)とよばれます)は, アプリのバージョンやテーブル名等の相違によって表示が異なる場合があります. 図のように「テーブル」を「Table」と表示していたバージョンもありました. 互換性は確保されていますから, 通常, トラブルはありませんが, 本書の利用時には, この点にも注意しましょう.

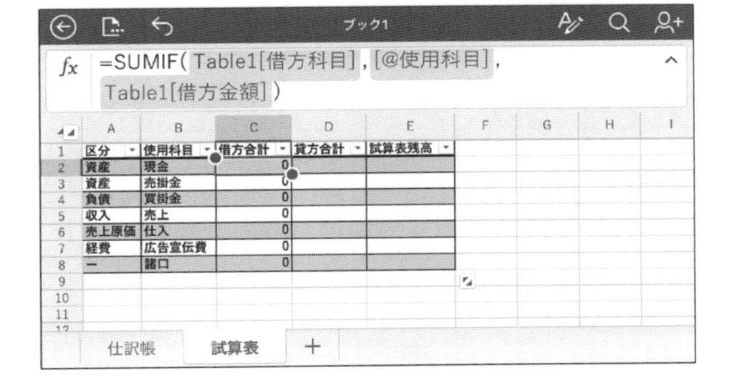

3 借方合計の確認

ここで，設定したSUMIF関数の働きをチェックします．関数がうまく設定されていれば，図のように，仕訳帳の借方科目と借方金額に入力したデータが，試算表に反映されます．

① 仕訳帳のセルC2に「仕入」 D2に「80000」を入力

#	日付	借方科目	借方金額	貸方科目	貸方合計	摘要	写真
1		仕入	80000				
2							
3							

② 試算表に移動して 仕入の借方合計「80000」の表示を確認

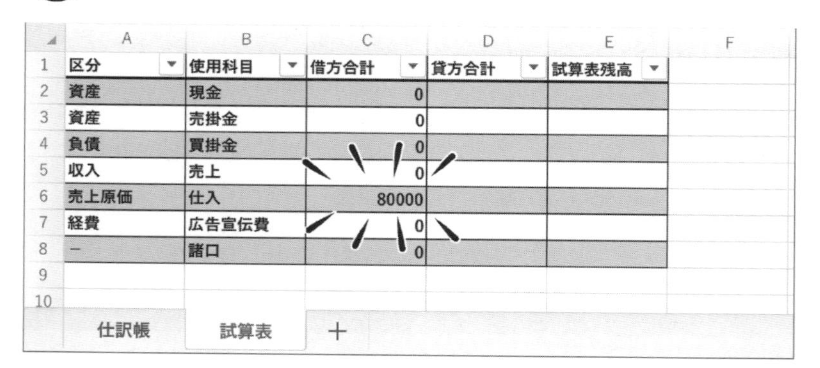

区分	使用科目	借方合計	貸方合計	試算表残高
資産	現金	0		
資産	売掛金	0		
負債	買掛金	0		
収入	売上	0		
売上原価	仕入	80000		
経費	広告宣伝費	0		
–	諸口	0		

試算表の仕入の借方合計に８万円が表示されない場合は，関数の設定などに誤りがあります．もう一度，試算表の借方合計欄の関数を一つひとつ確認しなければなりません．

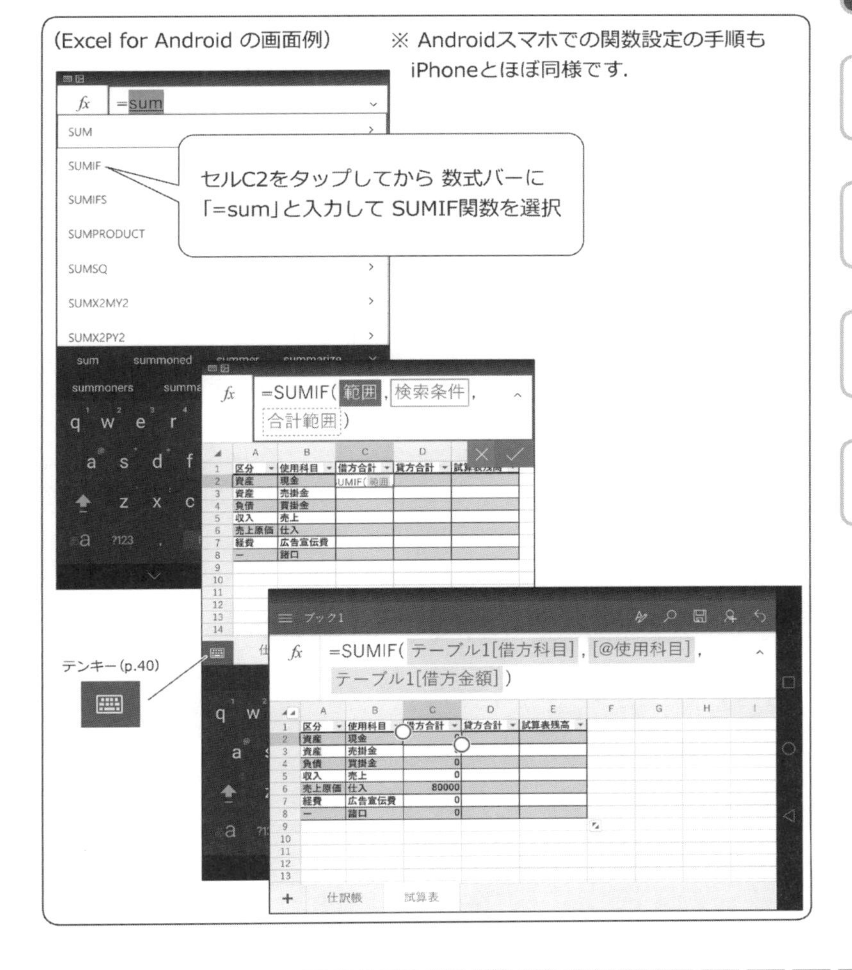

4　貸方合計の設定

続いて，貸方合計欄にSUMIF関数を入力します．設定の手順は，借方合計欄と同様ですから，ここでは，そのポイントを紹介しましょう．

①試算表のセルD2に キーボードから「＝ｓｕｍ」と入力して表示される関数の候補の中から［SUMIF］をタップ

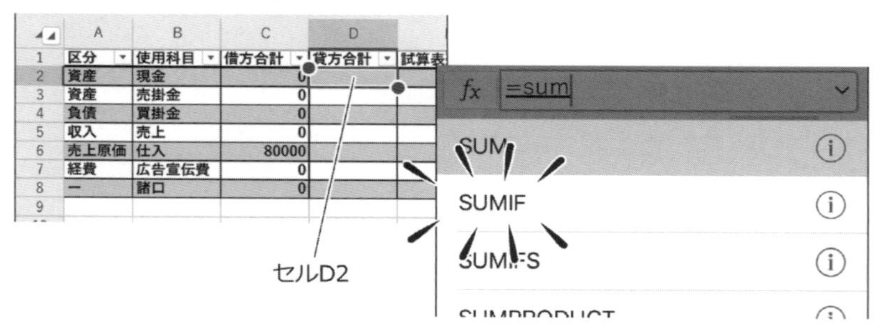

②「範囲」が選択されていることを確認してから仕訳帳に移動して 貸方科目欄（セルE2:E4）を範囲指定

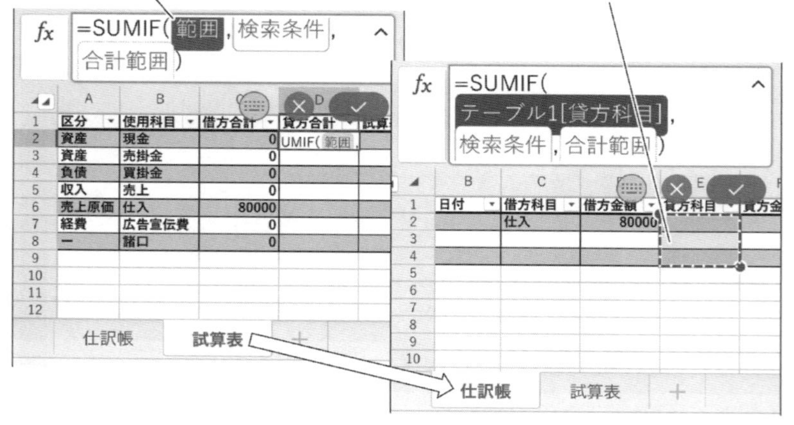

③ 「検索条件」をタップしてから 試算表に移動し 検索条件の現金（セルB2）をタップ

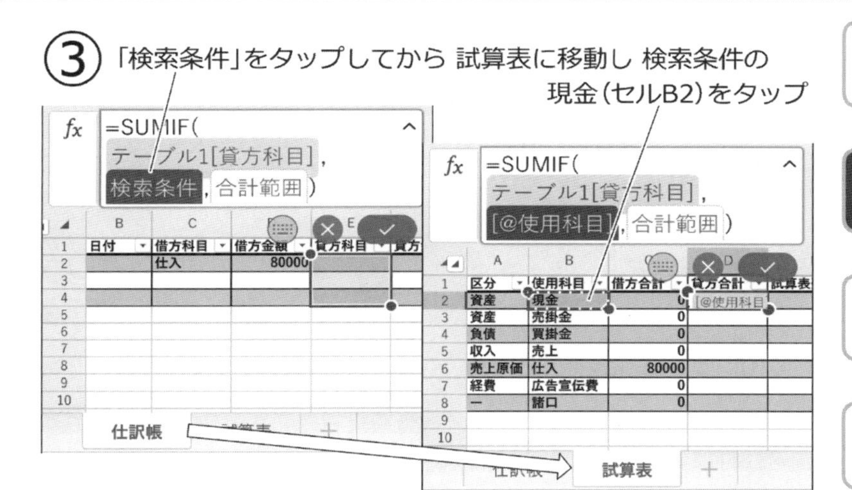

④ 「合計範囲」をタップしてから 仕訳帳に移動し 合計範囲の貸方金額欄（セルF2:F4）を指定

⑤ ✓ をタップして 設定終了

借方合計（セル C2）と貸方合計（セル D2）に入力された SUMIF 関数をまとめると図のようになります．

よく見比べてみると，二つの式の違いは，「借」と「貸」の部分だけです．そこで，前ページの貸方合計の設定については，セル C2 の式をセル D2 に複写（手順については p.77 参照）して，「借」を「貸」に修正する方法も有効なことがわかります．

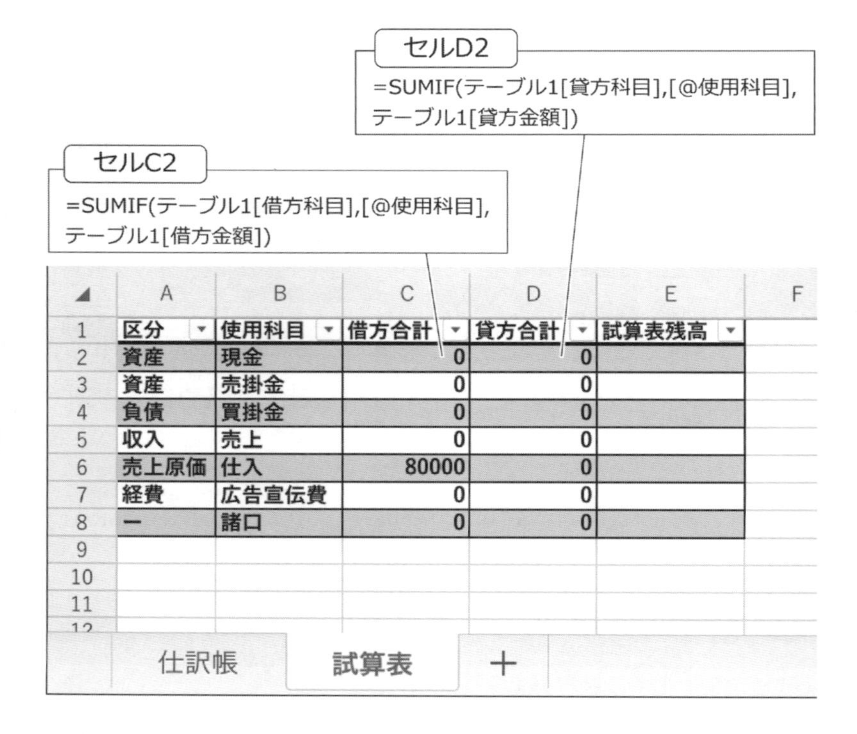

5 貸方合計の確認

ここでも図のように，貸方現金８万円を入力して，SUMIF 関数の働きを確認しておきましょう．なお，ここまで仕訳帳に仮入力した科目や金額については，次の数式の設定でも利用しますから，クリアせずに残しておきます．

① 仕訳帳のセルE2に「仕入」 F2に「80000」を入力

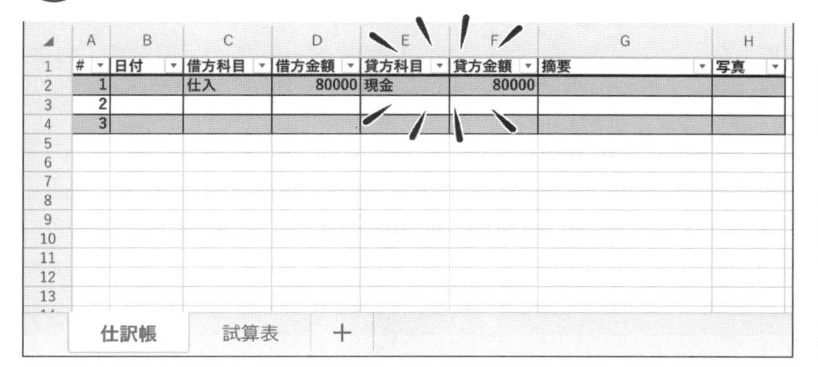

	A	B	C	D	E	F	G	H
1	#	日付	借方科目	借方金額	貸方科目	貸方金額	摘要	写真
2	1		仕入	80000	現金	80000		
3	2							
4	3							

仕訳帳　試算表　＋

② 試算表に移動して 現金の借方合計「80000」の表示を確認

	A	B	C	D	E
1	区分	使用科目	借方合計	貸方合計	試算表残高
2	資産	現金	0	80000	
3	資産	売掛金	0	0	
4	負債	買掛金	0	0	
5	収入	売上	0	0	
6	売上原価	仕入	80000	0	
7	経費	広告宣伝費	0	0	
8	ー	諸口	0	0	

仕訳帳　試算表　＋

2 数式の設定

1 試算表残高の式

試算表残高は，次式で求めます．

試算表残高＝借方合計－貸方合計

数式は，次の手順で入力します．通常のキーボードでも式は設定できますが，ここでは，数式が入力しやすい iPhone スマホの数値入力用キーボードを用いています．Android スマホでは，テンキーアイコン(p.35) をタップします．

① 試算表のセルE2 をダブルタップ

	A	B	C	D	E
1	区分	使用科目	借方合計	貸方合計	試算表残高
2	資産	現金	0	80000	
3	資産	売掛金	0	0	
4	負債	買掛金	0	0	
5	収入	売上	0	0	
6	売上原価	仕入	80000	0	
7	経費	広告宣伝費	0	0	
8	―	諸口	0	0	
9					
10					

仕訳帳　試算表　＋

 をタップして 数値入力用キーボードを表示

	A	B	C	D	E
1	区分	使用科目	借方合計	貸方合計	試算表残高
2	資産	現金	0	80000	
3	資産	売掛金	0	0	
4	負債	買掛金	0	0	
5	収入	売上	0	0	

数式バーには このように表示される

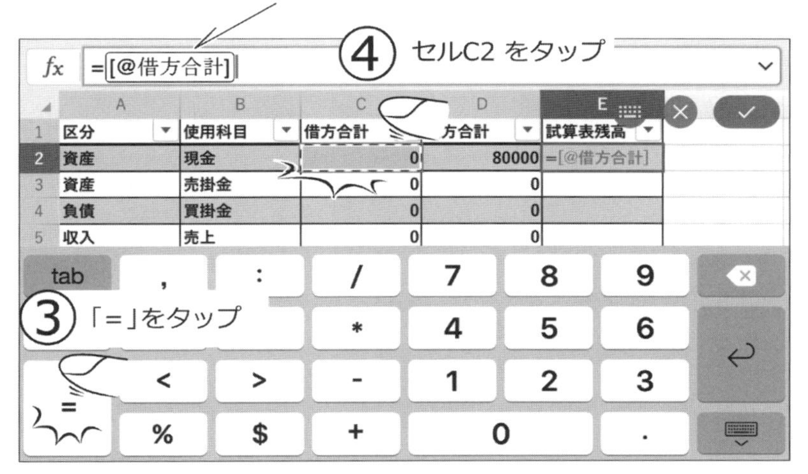

fx =[@借方合計]-[@貸方合計]

⑥ セルD2 をタップ

	A	B	C	D	E
1	区分	使用科目	借方合計	貸方合計	算表残高
2	資産	現金	0	80000	[@貸方合計]
3	資産	売掛金	0	0	
4	負債	買掛金	0	0	
5	収入	売上	0	0	

⑤「ー」をタップ

⑦ ✓ をタップして設定終了

fx =[@借方合計]-[@貸方合計]

	A	B	C	D	E
1	区分	使用科目	借方合計	貸方合計	試算表残高
2	資産	現金	0	80000	-80000
3	資産	売掛金	0	0	0
4	負債	買掛金	0	0	0
5	収入	売上	0	0	0
6	売上原価	仕入	80000	0	80000
7	経費	広告宣伝費	0	0	0
8	ー	諸口	0	0	0
9					
10					

試算表残高の式から，セルE2はマイナス表示となります．
その意味などについては「3章 3.（4）試算表残高の貸借」でとりあげています．

2 入力データのクリア

これで，スマホ帳簿は完成しましたから，仕訳帳に移って，これまで試算のために入力していたデータを，次の手順ですべてクリア（消去）します．

3 ファイルの保存と印刷

スマホ仕訳帳と試算表の帳簿を，保存しておきましょう．なお，ファイルの保存や印刷の画面については，スマホの機種，OSの種類，Excelの環境設定などにより異なります．したがって，ここで紹介する手順や図は，一例となります．

1 ファイルの保存例

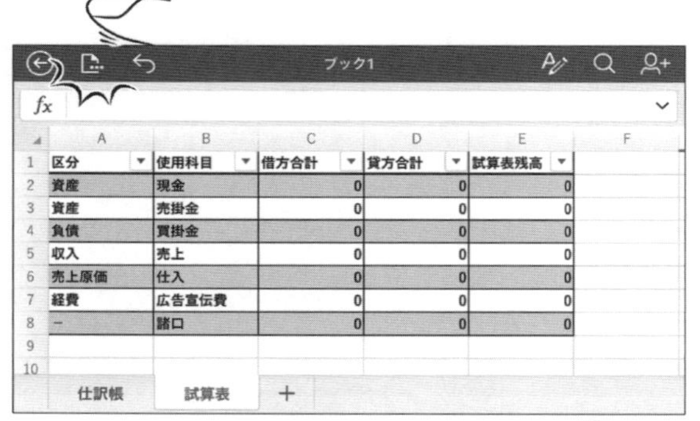

	A	B	C	D	E	F
1	区分	使用科目	借方合計	貸方合計	試算表残高	
2	資産	現金	0	0	0	
3	資産	売掛金	0	0	0	
4	負債	買掛金	0	0	0	
5	収入	売上	0	0	0	
6	売上原価	仕入	0	0	0	
7	経費	広告宣伝費	0	0	0	
8	ー	諸口	0	0	0	
9						
10						

② [保存] をタップ

「自動保存」を選択すると
ファイルの変更は
自動的に保存されます

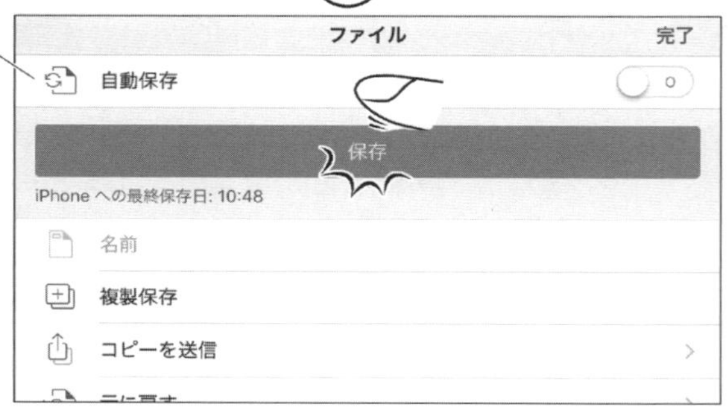

〈名前を付けて保存する場合〉

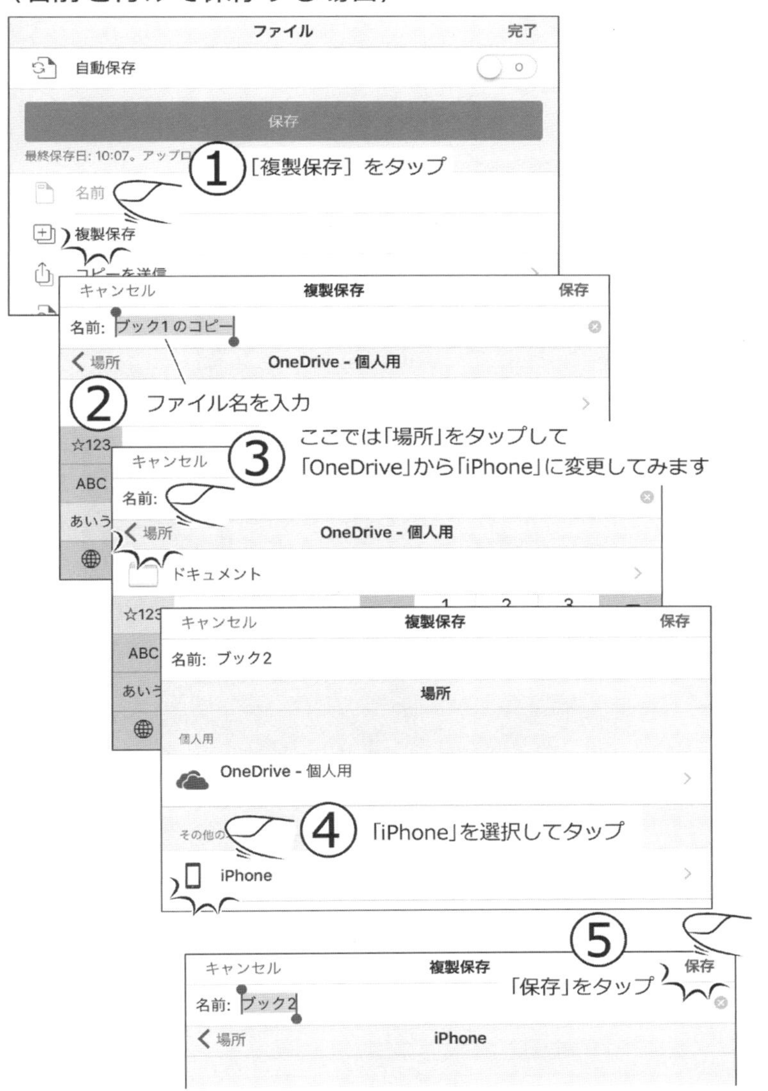

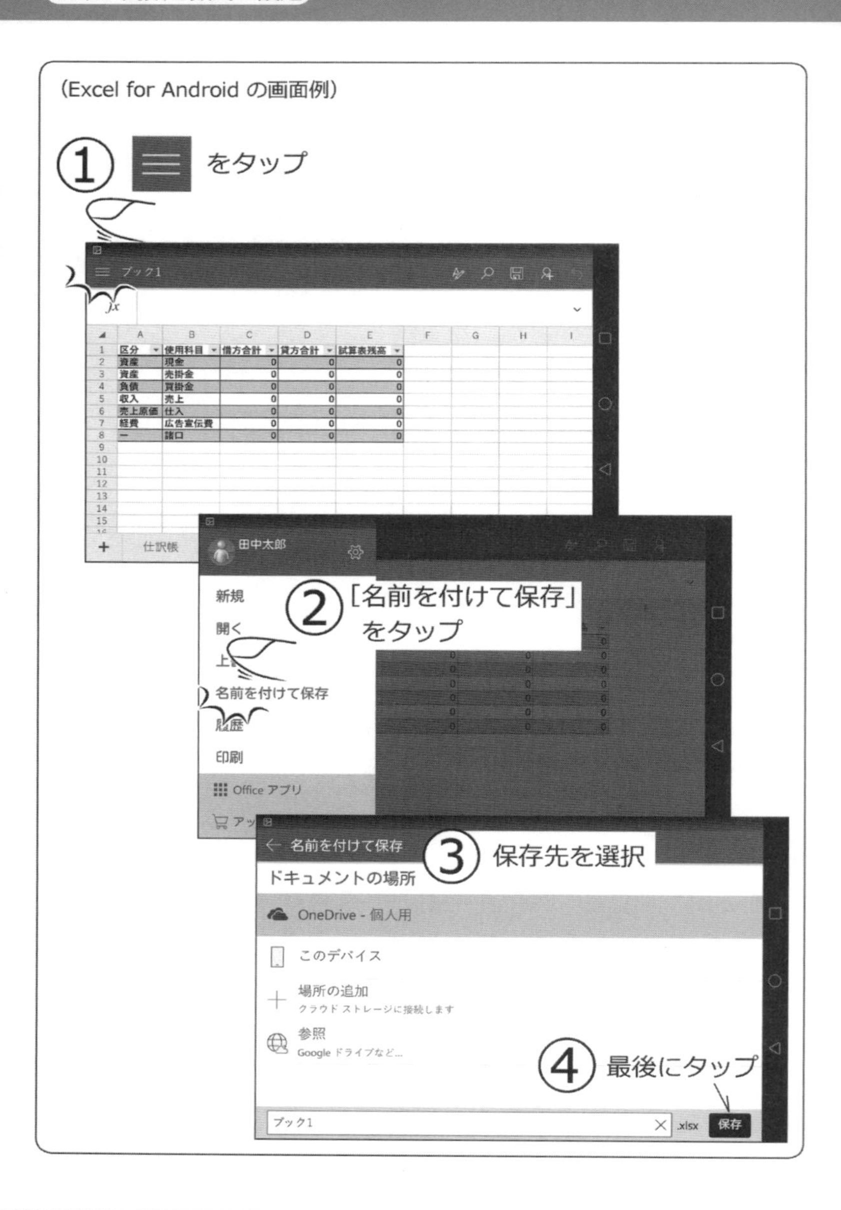
（Excel for Android の画面例）
① をタップ
ブック1
区分
使用科目
借方合計
貸方合計
試算表残高
資産
現金
資産
売掛金
負債
買掛金
収入
売上
売上原価
仕入
経費
広告宣伝費
諸口
仕訳帳
田中太郎
新規
開く
名前を付けて保存
印刷
Office アプリ
②［名前を付けて保存］をタップ
名前を付けて保存
③ 保存先を選択
ドキュメントの場所
OneDrive - 個人用
このデバイス
場所の追加
クラウド ストレージに接続します
参照
Google ドライブなど...
④ 最後にタップ
ブック1
.xlsx
保存

2　ファイルの開き方例

保存したファイル「ブック 1」をよびだして開きます.

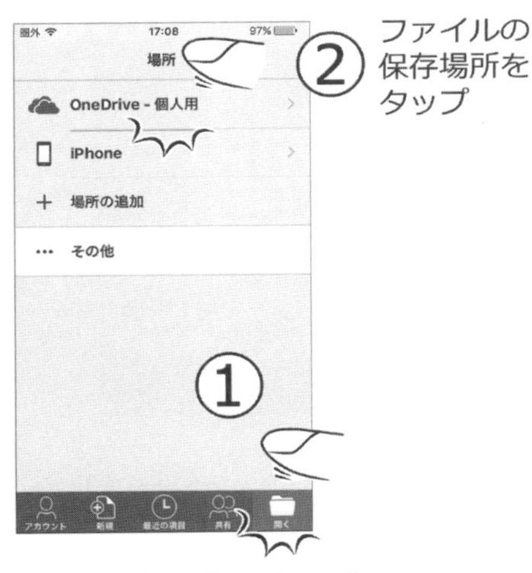

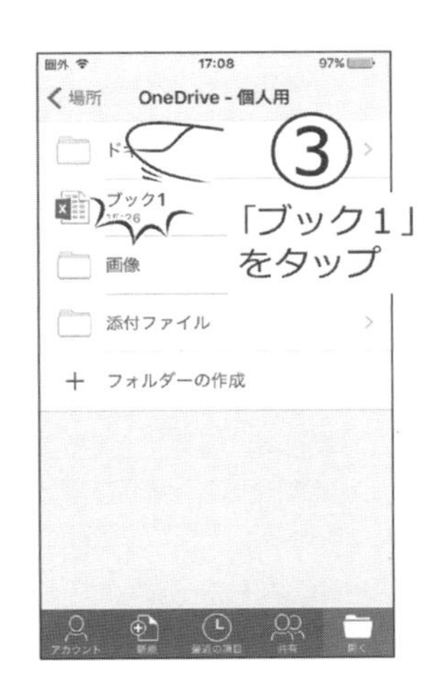

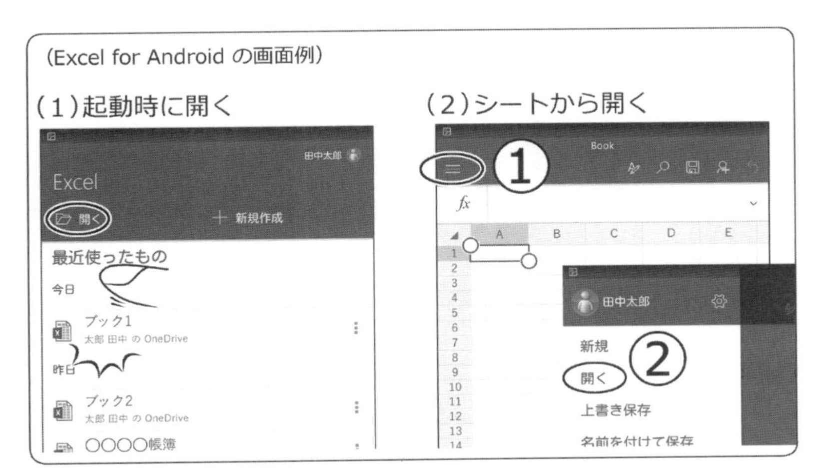

3 印刷例

帳簿の印刷方法は，使用するスマホ対応プリンタなどでその手順が大きく異なります．各プリンタマニュアルなどを参考に印刷しましょう．

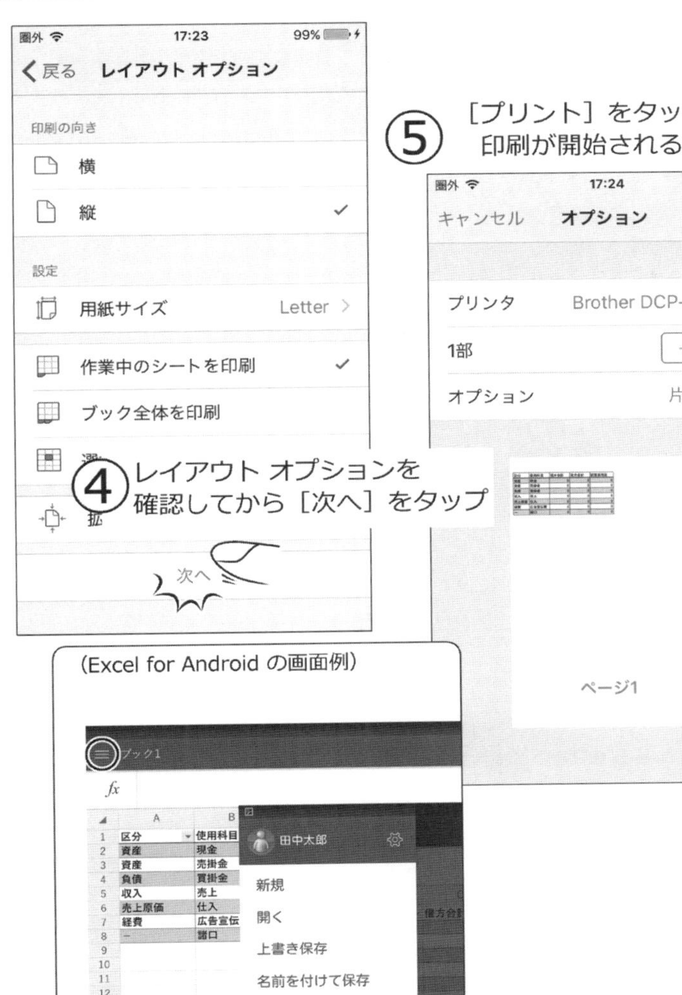
圏外 17:23 99%
戻る レイアウト オプション
印刷の向き
横
縦
設定
用紙サイズ Letter
作業中のシートを印刷
ブック全体を印刷
拡
次へ
④レイアウト オプションを
確認してから［次へ］をタップ
⑤［プリント］をタップすると
印刷が開始される
圏外 17:24
キャンセル オプション プリント
プリンタ Brother DCP-J963N
1部
オプション 片面, カラー
ページ1
(Excel for Android の画面例)
ブック1
田中太郎
新規
開く
上書き保存
名前を付けて保存
履歴
印刷
Office アプリ
アップグレード
区分
使用科目
資産
現金
売掛金
負債
買掛金
収入
売上
売上原価
仕入
経費
広告宣伝
諸口
仕訳帳

4　保存ファイルの活用例

スマホの記帳では，帳簿以外にも領収書などの写真を OneDrive※ や本体などに保存しておき，次のような手順で，取引データの確認や修正に役立てることができます．

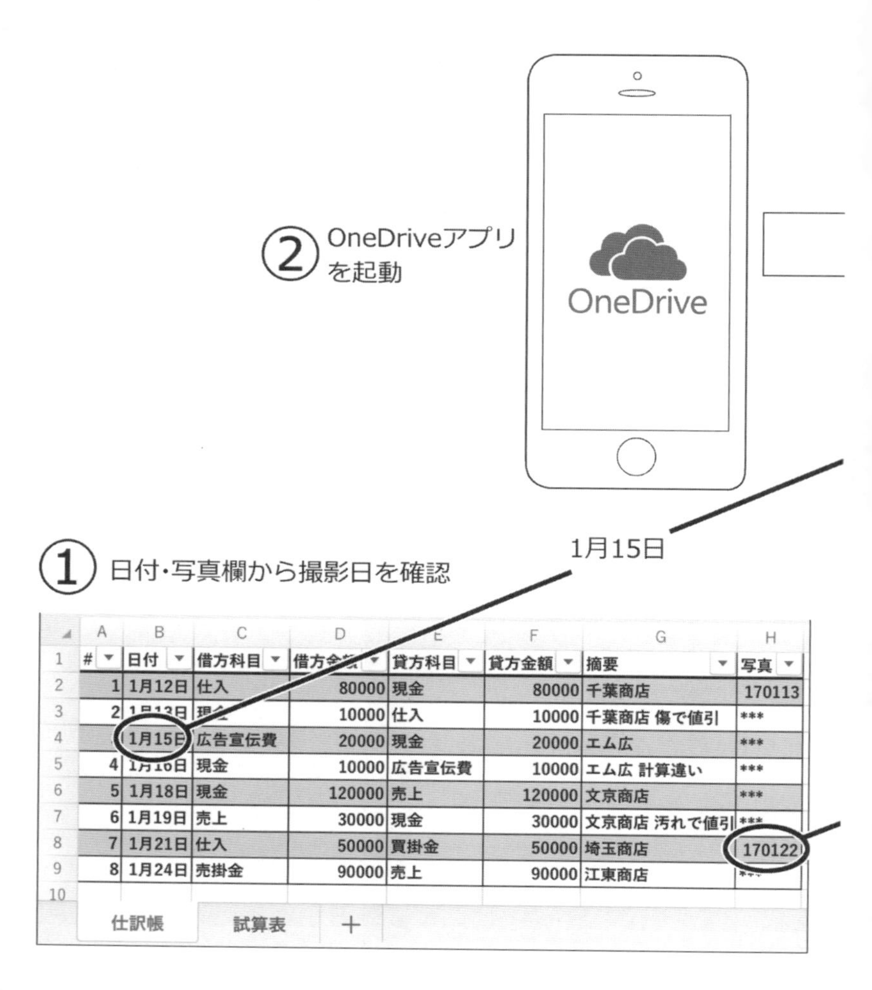

	A	B	C	D	E	F	G	H
1	#	日付	借方科目	借方金額	貸方科目	貸方金額	摘要	写真
2	1	1月12日	仕入	80000	現金	80000	千葉商店	170113
3	2	1月13日	現金	10000	仕入	10000	千葉商店 傷で値引	***
4		1月15日	広告宣伝費	20000	現金	20000	エム広	***
5	4	1月16日	現金	10000	広告宣伝費	10000	エム広 計算違い	***
6	5	1月18日	現金	120000	売上	120000	文京商店	***
7	6	1月19日	売上	30000	現金	30000	文京商店 汚れで値引	***
8	7	1月21日	仕入	50000	買掛金	50000	埼玉商店	170122
9	8	1月24日	売掛金	90000	売上	90000	江東商店	***
10								

※ ファイルの保存場所としてオンラインストレージとよばれるMicrosoft OneDrive を利用するとスマホだけではなく,パソコンやタブレットなどからもファイルにアクセスできます.同期機能によってファイルのバックアップが簡単で,スマホの紛失や破損時のデータ保護に有効です.ただし,手元にあるストレージではありませんから,セキュリティ面等には留意しましょう.なお,OneDriveを使うには,Excelと同様に,専用アプリのインストールが必要になります.

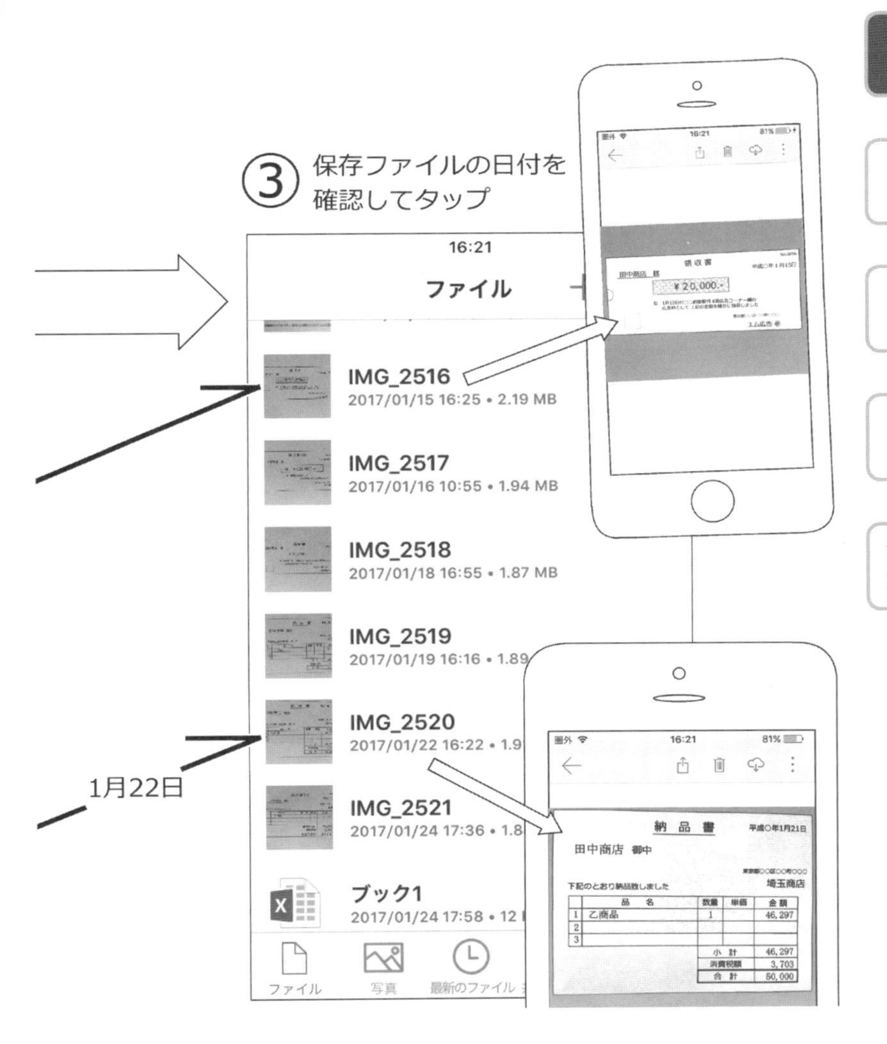

4 使用科目と取引

試算表の使用科目は，どのように選んだのでしょうか．

1 使用科目の選び方

経理の大きな目的の一つに，経営成績を表す決算書とよばれる書類の作成があります．個人事業主の場合は，確定申告のために青色申告決算書（白色申告では収支内訳書）の作成が必要になる場合があります．

そこで，スマホ試算表の使用科目（諸口を除く）は，この決算書を構成する右ページの損益計算書と貸借対照表とよばれる表から，次章の取引例（p.60）に合わせて選択しました．各科目の内容については，巻末の「付録　参照決算書」にまとめましたから，ここで確認しておきましょう．

使用科目は，必要に応じて自作も可能ですが，あまり増やしてしまうと，記帳の際に，かえって選択に迷うことになります．

	A	B	C	D	E
1	区分	使用科目	借方合計	貸方合計	
2	資産	現金			
3	資産	売掛金			
4	負債	買掛金			
5	収入	売上			
6	売上原価	仕入			
7	経費	広告宣伝費			
8	ー	諸口			
9					
10					

仕訳帳　試算表　＋

※「諸口」は，
一つの取引で，2行以上の入力が
必要な場合に用いるもので，
決算書の科目ではありません．

貸借対照表（資産負債調）

（平成　年　月　日

資産の部			負債・資本の部		
科目	月　日(期首)	月　日(期末)	科目	月　日(期首)	月　日(
現金	円	円	支払手形	円	
当座預金			買掛金		
定期預金			借入金		
その他の預金			未払金		
受取手形			前受金		
売掛金			預り金		
有価証券					
棚卸資産					
前払金					
貸付金					
建物					
建物附属設備					
機械装置					
車両運搬具					
工具器具備品					
土地					
事業主貸					
合計					

（注）「元入金」は,

損益計算書

科目			金額(円)	科目			
売上(収入)金額		①	「売上」	経費	消耗品費	⑰	
売上原価	期首商品棚卸高	②			減価償却費	⑱	
	仕入金額	③	「仕入」		福利厚生費	⑲	
	小計(②+③)	④			給料賃金	⑳	
	期末商品棚卸高	⑤			外注工賃	㉑	
	差引原価(④－⑤)	⑥			利子割引料	㉒	
差引金額(①－⑥)		⑦			地代家賃	㉓	
経費	租税公課	⑧			貸倒金	㉔	
	荷造運賃	⑨				㉕	
	水道光熱費	⑩				㉖	
	旅費交通費	⑪				㉗	
	通信費	⑫				㉘	
	広告宣伝費	⑬				㉙	
	接待交際費	⑭				㉚	
	損害保険料	⑮			雑費	㉛	
	修繕費	⑯			計	㉜	
				差引金額(⑦－㉜)		㉝	

2 科目の追加と削除

「通信費」の追加と削除を試します．追加（挿入）は，必ず「現金」と「諸口」との間で行います．表の最終行だと，設定した関数などが複写されないことがあります．

〈通信費の追加〉

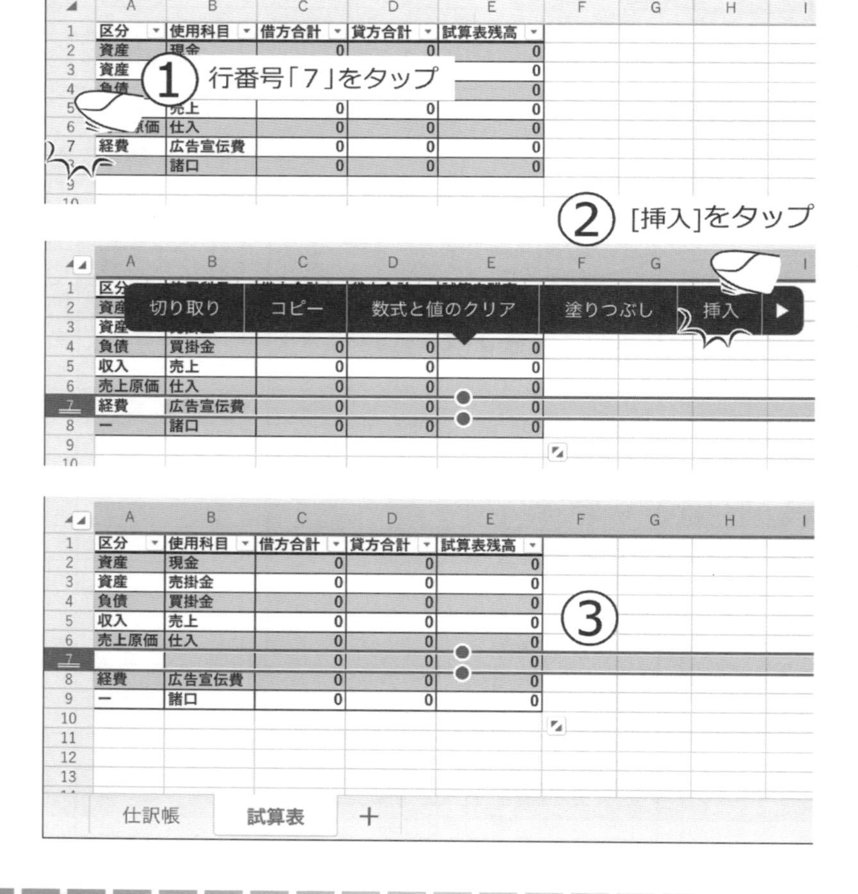

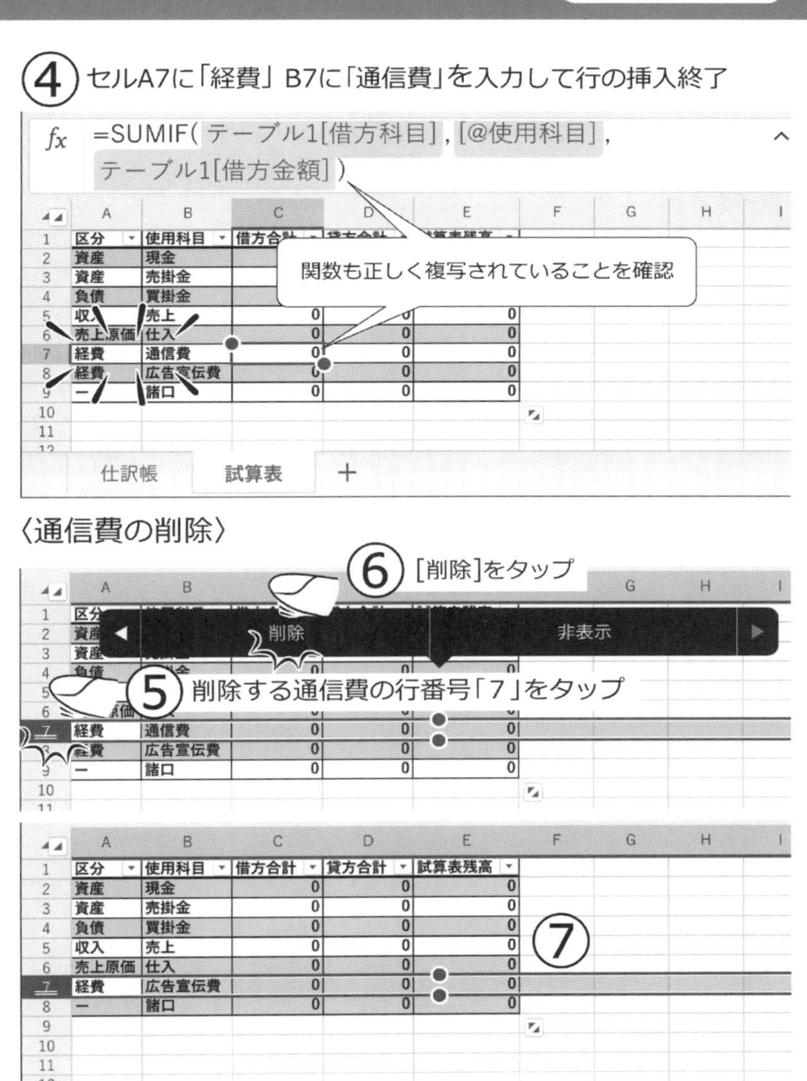
④セルA7に「経費」B7に「通信費」を入力して行の挿入終了
=SUMIF(テーブル1[借方科目], [@使用科目],
テーブル1[借方金額])
関数も正しく複写されていることを確認
区分 使用科目 借方合計
資産 現金
資産 売掛金
負債 買掛金
収入 売上 0 0 0
売上原価 仕入 0 0 0
経費 通信費 0 0 0
経費 広告宣伝費 0 0 0
ー 諸口 0 0 0
仕訳帳 試算表 +
〈通信費の削除〉
⑥[削除]をタップ
削除 非表示
⑤削除する通信費の行番号「7」をタップ
経費 通信費 0 0 0
経費 広告宣伝費 0 0 0
ー 諸口 0 0 0
区分 使用科目 借方合計 貸方合計 試算表残高
資産 現金 0 0 0
資産 売掛金 0 0 0
負債 買掛金 0 0 0
収入 売上 0 0 0
売上原価 仕入 0 0 0
経費 広告宣伝費 0 0 0
ー 諸口 0 0 0
⑦
仕訳帳 試算表 +

3 記帳する取引とは

スマホ仕訳帳には，事業で行われたすべての取引を記録します．ただし，注意しなければならないのは，記録する取引は，日常，使っている取引とは異なる部分があり，原則として，**決算書に影響を与える事業活動での出来事**だけが記録の対象となります．したがって，貸借対照表や損益計算書の科目の金額が増減する出来事が，記録の必要な取引になります．

例えば，地震で商品が壊れた場合を考えてみましょう．一般に，これを取引とはよびませんが，事業の立場からは，仕入れていた商品を失いますから，貸借対照表の棚卸資産（在庫）の減少です．よって，決算書に影響を与えますから事業の取引となって，仕訳帳に記録します．このように記録によって取引内容を決算書に反映させることを計上（けいじょう）とよんでいます．

これも取引?!

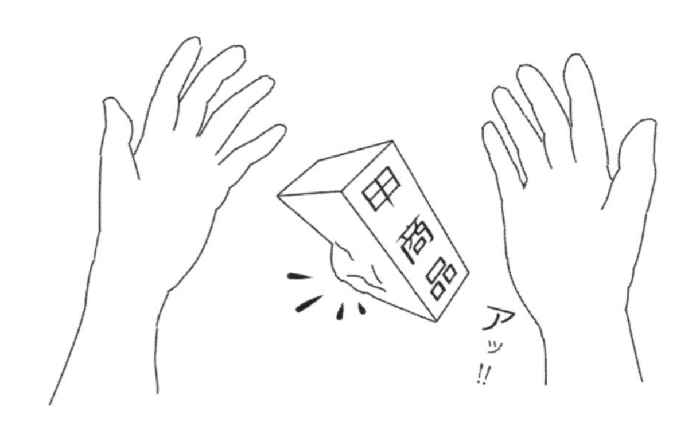

1
2
3
4
5
付録

書き込んでみよう！

次のA商店の日々の出来事の中から，取引としてスマホ仕訳帳に，原則として，記録するものに ○ ，しなくてよいものには × を記入しなさい．

(1) □ 事業所を月5万円で借りる契約を，家主と結んだ．

(2) □ 不動産業者に，事業所の敷金15万円を支払った．

(3) □ 仕入先となるB商店と商品7万円の取引契約を結んだ．

(4) □ 得意先C商店から商品8万円の注文を受けた．

(5) □ C商店に商品8万円を送り，代金受け取りは 来月10日とした．

(6) □ B商店から商品7万円を受け取り，代金は来月末払いとした．

(7) □ 事業用倉庫のボヤで，商品10万円が焼失した．

(8) □ 従業員を月給3万円で雇い入れた．

(9) □ C商店から追加注文を受け，代金8万円を受け取った．

(10) □ 店主の都合で，売れ残りの商品1万円を私用に使った．

（解答は次ページ）

〔前ページの解答〕

(1)（×）契約だけで，実際に現金などは動いていないので，決算書の金額に増減はありません．よって，記録しません．

(2)（○）実際に，事業に関連して現金が減少すれば記録します．

(3)（×）取引の契約だけで，商品を受け取っておらず，支払いもしていないので，決算書の金額に増減はありません．

(4)（×）注文を受けただけで，決算書の金額に増減はありません．

(5)（○）代金は受け取っていませんが，商品を送っていますので，在庫が減少します．よって記録が必要です．

(6)（○）代金は支払っていませんが，在庫は増加しています．

(7)（○）商品の焼失で，在庫は減少します．

(8)（×）雇い入れただけで，給料はまだ支払っていません．したがって，現金などの増減はありませんから，取引とはなりません．

(9)（○）(4) の注文だけの場合と異なり，代金を受け取り現金が増加しますから，記録します

(10)（○）家事消費（p.143 参照）とよばれるもので，在庫は減少しますから，記録は必要になります．

3章

記帳の基礎

1 仕　訳

準備したスマホ仕訳帳の入力法に取り組みます．これには，仕訳の知識が必要です．仕訳は，事業で発生した取引を，わかりやすくデータ化するための作業をいいますが，本書では，現金に着目した仕訳の方法を紹介します．

現金着目仕訳法！？

1 現金出納帳の記入

ここでは，仕訳作業に次の簡略化した取引例（商品売買業　屋号：田中商店）を使います．

1月12日　千葉商店から甲商品を仕入れ，現金8万円を支払った．

1月13日　千葉商店1/12の仕入甲商品にキズ，値引きで現金1万円を受取った．

1月15日　エム広に新聞広告を依頼，料金2万円を支払った．

1月16日　エム広1/15の広告料は計算違いで，1万円が返金された．

1月18日　文京商店に甲商品を売り上げ，現金12万円を受取った．

1月19日　文京商店1/18の売上甲商品に汚れ，値引きで3万円を返金した．

まず，左ページの取引例を参考に，次の現金出納帳（げんきんすいとうちょう）を完成させましょう．記入方法は，おこづかい帳と変わりませんが，事業（活動）の立場で考える点に注意します．

事業で，お金を受け取れば入金欄，支払いなどでお金が出ていけば出金欄に記入します．この作業を，現金の増減によって，次のように金額の記入側を覚えます．

- 現金の増加は「左（入金）」に記入
- 現金の減少は「右（出金）」に記入

各行の残高は，前行の残高に入金，出金の金額を加減して求めます．日付と摘要欄は，すでに記入されています．1月1日の残高10万円は，前期から繰り越された分です．この解答は次ページにあります．

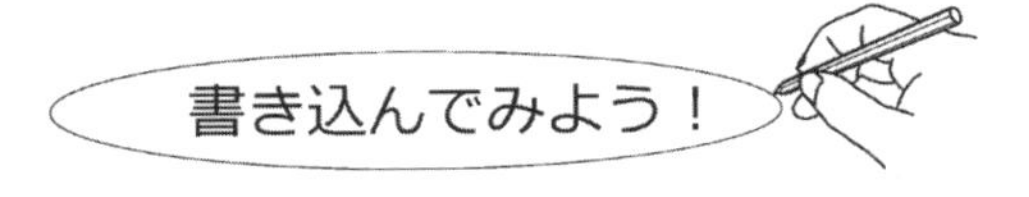

現金出納帳

(単位:円)

No.	日付	摘 要	入 金	出 金	残 高
1	1/1	前期繰越			100,000
2	12	千葉商店 甲商品 現金仕入			
3	13	上記甲商品 キズによる値引			
4	15	エム広 新聞広告料金			
5	16	上記計算違いにより返金			
6	18	文京商店 甲商品 現金売上			
7	19	上記甲商品 汚れによる値引			

〔前ページの解答〕

現金出納帳

現金の増加　現金の減少

(単位:円)

No.	日付	摘要	入金	出金	残高
1	1/1	前期繰越			100,000
2	12	千葉商店 甲商品 現金仕入		80,000	20,000
3	13	上記甲商品 キズによる値引	10,000		30,000
4	15	エム広 新聞広告料金		20,000	10,000
5	16	上記計算違いにより返金	10,000		20,000
6	18	文京商店 甲商品 現金売上	120,000		140,000
7	19	上記甲商品 汚れによる値引		30,000	110,000

ここで覚えた記入法が，そのまま仕訳帳でも使えます．ただし，仕訳帳は，左を指して借方（かりかた），右を貸方（かしかた）とよびます．

・現金の増加は左（借方）に記入
・現金の減少は右（貸方）に記入

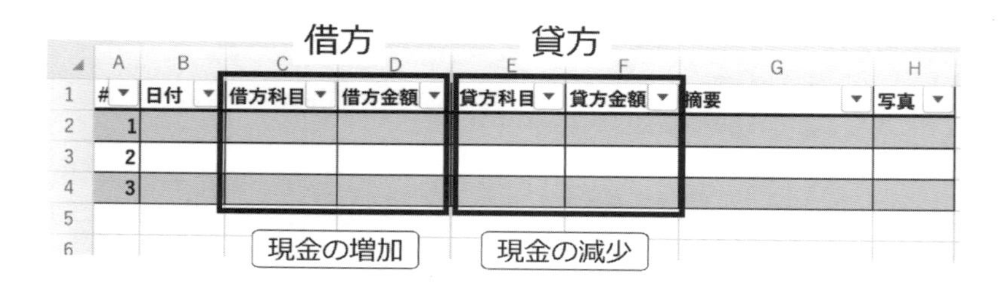

右ページに仕訳を記入してみましょう．仕訳帳は，現金出納帳と違って，現金以外の取引も記録しますから，記入された金額の内容が一目でわかるように，金額の前に科目（勘定（かんじょう）科目とよばれる）名をつけます．

書き込んでみよう！

1月12日　千葉商店から甲商品を仕入れ，現金8万円を支払った.

日付	借方科目	借方金額	貸方科目	貸方金額
1/12				

1月13日　千葉商店1/12の仕入甲商品にキズ，値引きで現金1万円を受取った.

日付	借方科目	借方金額	貸方科目	貸方金額
1/13				

1月15日　エム広に新聞広告を依頼，料金2万円を支払った.

日付	借方科目	借方金額	貸方科目	貸方金額
1/15				

1月16日　エム広1/15の広告料は計算違いで，1万円が返金された.

日付	借方科目	借方金額	貸方科目	貸方金額
1/16				

1月18日　文京商店に甲商品を売り上げ，現金12万円を受取った.

日付	借方科目	借方金額	貸方科目	貸方金額
1/18				

1月19日　文京商店1/18の売上甲商品に汚れ，値引きで3万円を返金した.

日付	借方科目	借方金額	貸方科目	貸方金額
1/19				

〔前ページの解答例〕

日付	借方科目	借方金額	貸方科目	貸方金額
1/12			現金	80,000
1/13	現金	10,000		
1/15			現金	20,000
1/16	現金	10,000		
1/18	現金	120,000		
1/19			現金	30,000

現金の仕訳帳への入力法

取引の結果，お金はどうなった？

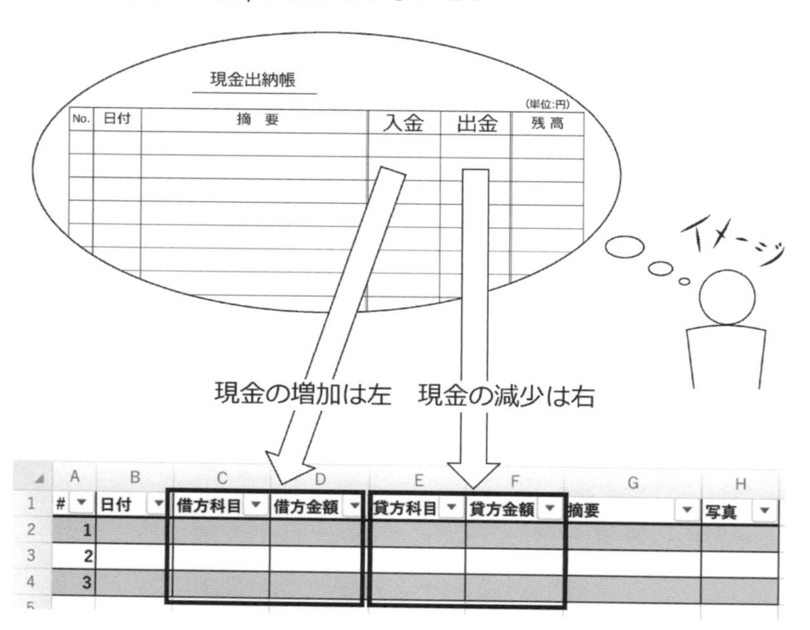

現金出納帳と仕訳の金額が同じ配置になることを確認しましょう．

この仕組みを使えば，現金取引については，スマホ仕訳帳の半分が入力できることになります．あとの半分（〔前ページの解答〕の空欄部分）は，取引の結果として現金が増減した原因（理由）を示す科目（相手科目といいます）とその金額を記入します．

仕訳は，現金の増減の「結果」だけを記録する現金出納帳と異なり，なぜ現金が増減したのか，その「原因」を明らかにする相手科目も同時に記録します．したがって，その仕訳データからは，現金科目の増減だけではなく，相手科目の増減や残高も把握できることになります．この点は，仕訳（帳）の大きな特長の一つです．

スマホ仕訳帳では，相手科目は，あらかじめ試算表に配置した使用科目から選択して，入力する記帳方式を採用しています．したがって，自分の事業活動において，特に把握しておきたい科目があれば，試算表に使用科目として登録することで，その金額の増減，残高をいつでも把握でき，効果的な管理が可能になります．

【複式簿記】

取引を，原因と結果といった二方面から分析して仕訳し，借方・貸方に記録する方式の簿記（帳簿記入）は，複式簿記とよばれます．

最高65万円控除が認められる青色申告は，複式簿記であること等が条件となっています．

2 取引例の仕訳

仕訳は，事業での取引を，原因と結果の二つに分けて記録します．現金に注目する仕訳を行う場合は，取引による現金の増減の結果から，左・右（借方・貸方）の記入側を決めて「現金」とその取引金額を記入します．そして，現金の増減の原因を考えて残りの空欄を埋めます．手順がつかめたら，次ページに取り組みましょう．

1月12日　千葉商店から甲商品を仕入れ，現金8万円を支払った．

現金出納帳をイメージして，仕入れで現金が減少するので右（貸方）に 8万円を記入．

日付	借方科目	借方金額	貸方科目	貸方金額
1/12			現金	80,000

借方科目は，試算表の「使用科目」の中から，原因として最も関連性の高い科目を選ぶ．
（現金が8万円減少した結果は，仕入れが原因なので，相手科目として「仕入」を選択．）

日付	借方科目	借方金額	貸方科目	貸方金額
1/12	仕入	80,000	現金	80,000

1月13日　千葉商店1/12の仕入甲商品にキズ，値引きで現金1万円を受取った．

現金出納帳をイメージして，値引きで現金が増加するので左（借方）に 1万円を記入．

日付	借方科目	借方金額	貸方科目	貸方金額
1/13	現金	10,000		

現金が1万円増加した結果は，仕入れ関連なので，相手科目として「仕入」を選択．

日付	借方科目	借方金額	貸方科目	貸方金額
1/13	現金	10,000	仕入	10,000

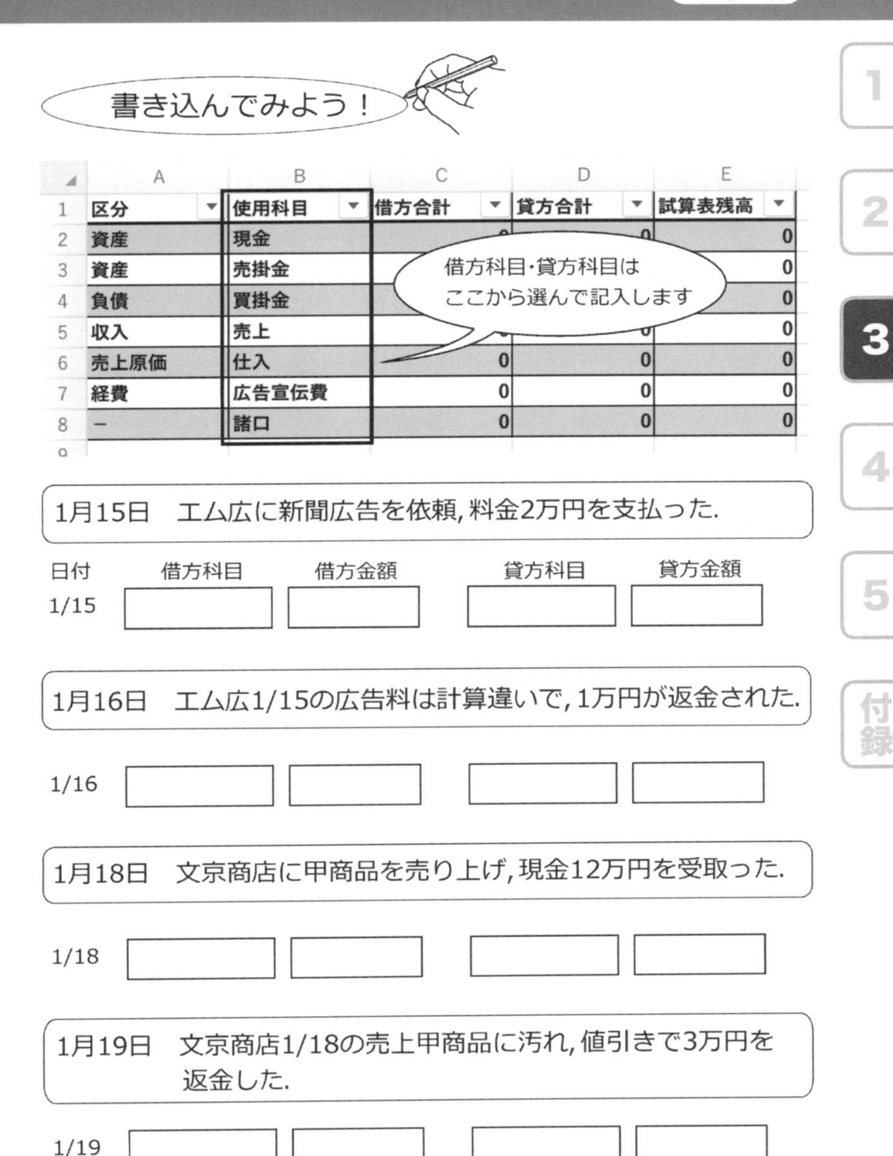

書き込んでみよう！

	A	B	C	D	E
1	区分	使用科目	借方合計	貸方合計	試算表残高
2	資産	現金	0	0	0
3	資産	売掛金			0
4	負債	買掛金			0
5	収入	売上	0	0	0
6	売上原価	仕入	0	0	0
7	経費	広告宣伝費	0	0	0
8	ー	諸口	0	0	0
9					

1月15日　エム広に新聞広告を依頼，料金2万円を支払った.

日付	借方科目	借方金額	貸方科目	貸方金額
1/15				

1月16日　エム広1/15の広告料は計算違いで，1万円が返金された.

1/16				

1月18日　文京商店に甲商品を売り上げ，現金12万円を受取った.

1/18				

1月19日　文京商店1/18の売上甲商品に汚れ，値引きで3万円を返金した.

1/19				

〔前ページの解答例〕

日付	借方科目	借方金額	貸方科目	貸方金額
1/12	仕入	80,000	現金	80,000
1/13	現金	10,000	仕入	10,000
1/15	広告宣伝費	20,000	現金	20,000
1/16	現金	10,000	広告宣伝費	10,000
1/18	現金	120,000	売上	120,000
1/19	売上	30,000	現金	30,000

ここまで紹介してきた仕訳の手順が身につけば，
現金取引については，スマホ仕訳帳での入力も同様に行えます．
指操作のキーボードですから，入力に手間取りそうですが，
予測変換機能などにより，意外とスピーディに入力できます．

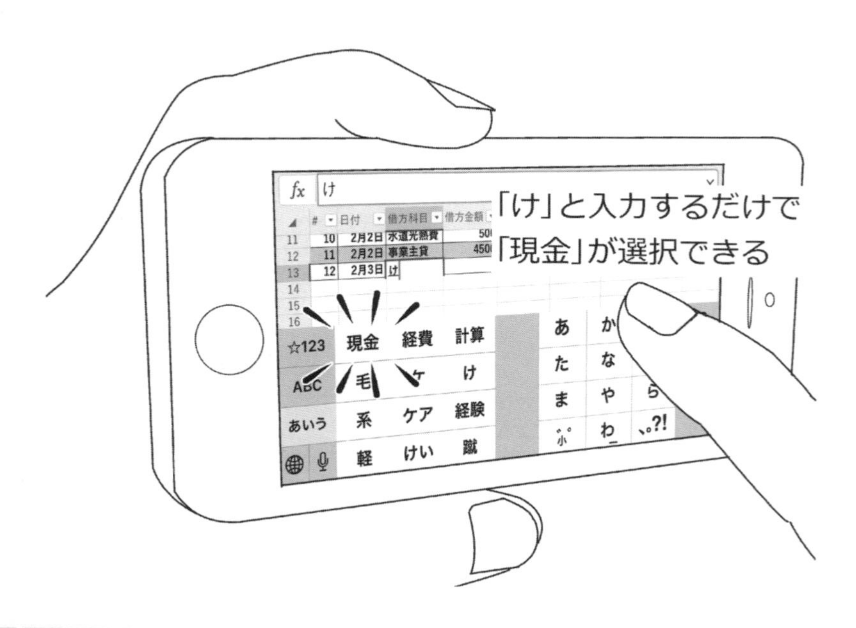

2 仕訳帳の入力

取引例を，スマホ仕訳帳に入力してみましょう．

1 証憑書類の写真

入力時※に，証憑書類（しょうひょうしょるい）の写真を撮り保存（p.50）します．証憑書類は，領収書，納品書，請求書などをいい，取引の事実の証明に使えます．記帳をはじめた頃は，入力の正確さが不安になります．入力ミスや記帳漏れなどに後で気づくこともあります．このとき，証憑書類の写真があれば，いつでも確認できますから安心です．なお，領収書が手に入らない電車賃などについては，業務使途とわかるメモ書きなどを作成して，撮影，保存しておきましょう．

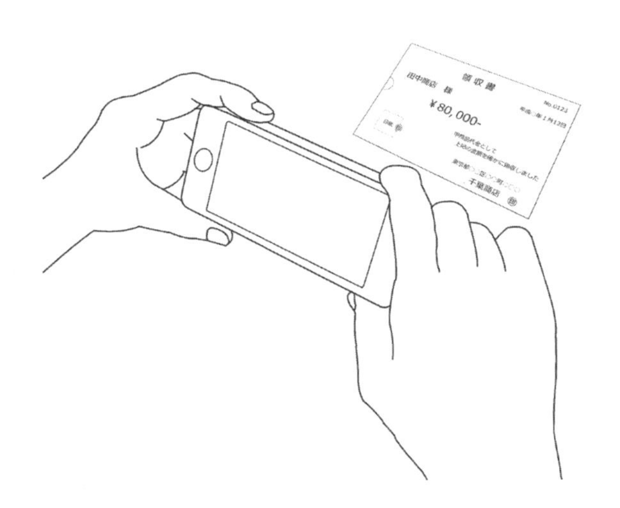

※ 撮影時期は，自分の都合に合わせてかまいませんが，各仕訳に関する証憑書類を，すぐに画面によびだして表示できることがポイントです．複数の書類を一度に撮影する方法も考えられます．

2　データ入力の手順

次の証憑書類（領収書）を参考に，その取引データをスマホ仕訳帳に入力します．

1月12日　千葉商店から甲商品を仕入れ，現金8万円を支払った．

領 収 書　　No.0123

平成○年１月12日

田中商店　様

¥80,000.-

甲商品代金として
上記の金額を確かに領収しました

印紙 ㊞

東京都○○区○○町○○○
千葉商店 ㊞

① 証憑書類をスマホで写し 取引日と撮影日（2017. 1.13）を確認

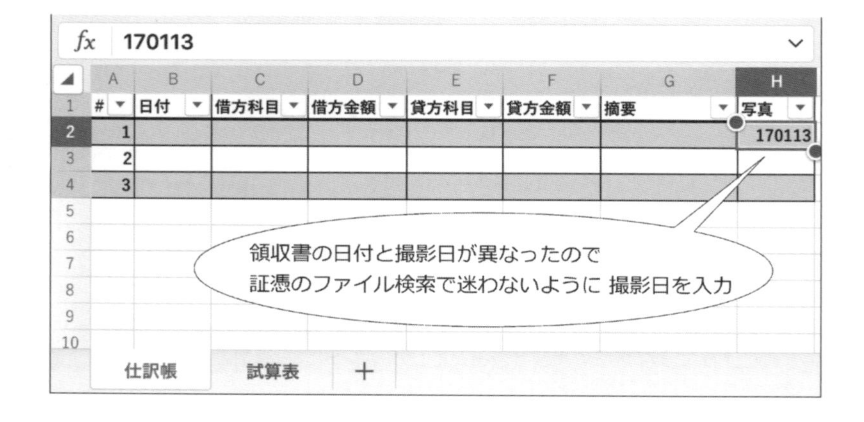

③ 仕入れで現金が減少するので右（貸方）に現金8万円を入力（セルE2「現金」 F2「80000」）

※ 入力が確定すると○月○日形式で表示されます.

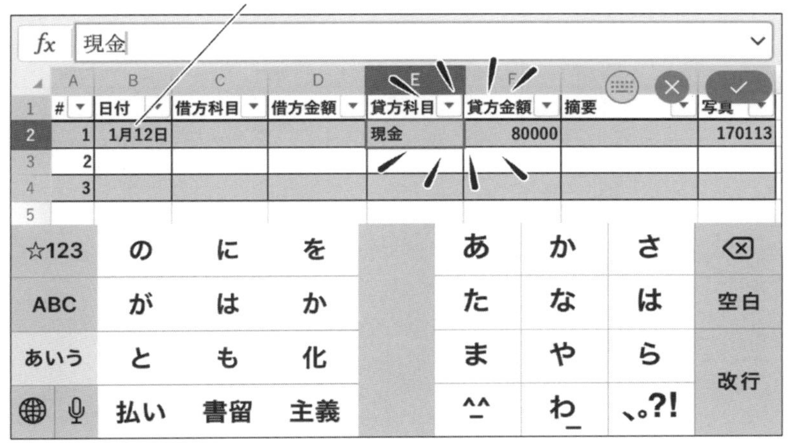

1
2
3
4
5
付録

④ 現金が8万円減少した結果は,仕入れが原因なので左(借方)に仕入８万円を入力(セルC2「仕入」 D2「80000」)

fx 80000

	A	B	C	D	E	F	G	H
1	#	日付	借方科目	借方金額	貸方科目	貸方金額	摘要	写真
2	1	1月12日	仕入	80000	現金	80000		170113
3	2							
4	3							
5								

☆123　80000
ABC　８００００
あいう　80,000
８０，０００

⑤ 摘要欄に 仕入先の「千葉商店」を入力 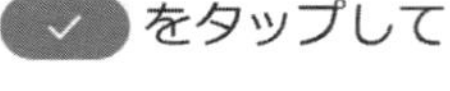 をタップして仕訳の終了

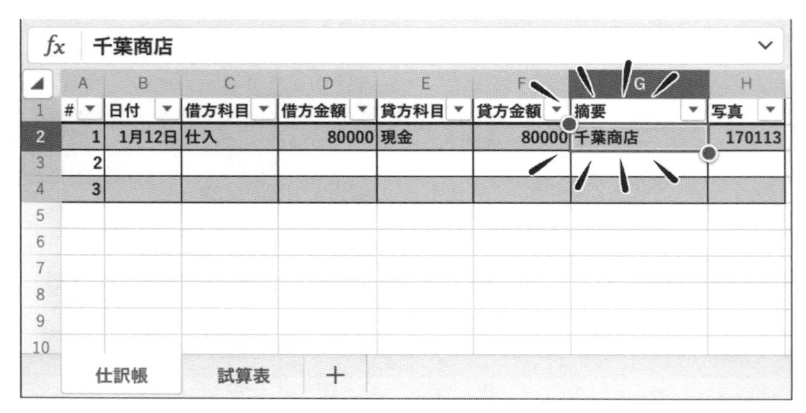

※ 摘要欄には 仕訳では把握できない取引上の重要な事項(取引先・商品名・数量等)を入力しますが,ここでは,紙幅の関係上,取引先のみ入力しています.

続いて，1月12日に仕入れた商品の値引きの証憑書類で，仕訳帳のデータ入力の手順を再確認しましょう．

1月13日　千葉商店1/12の仕入甲商品にキズ，値引きで現金1万円を受取った．

領収書（控）　No.0001

平成○年1月13日

千葉商店　様

★　￥10,000.－

但　甲商品（1月12日納品）に傷があるための値引きとして
上記の金額を確かに領収しました

東京都○○区○○町○○○
田中商店

※ ここでは，証憑書類として「領収書（控）」を用います．

① 証憑書類をスマホで写し 取引日と撮影日（2017.1.13）を確認

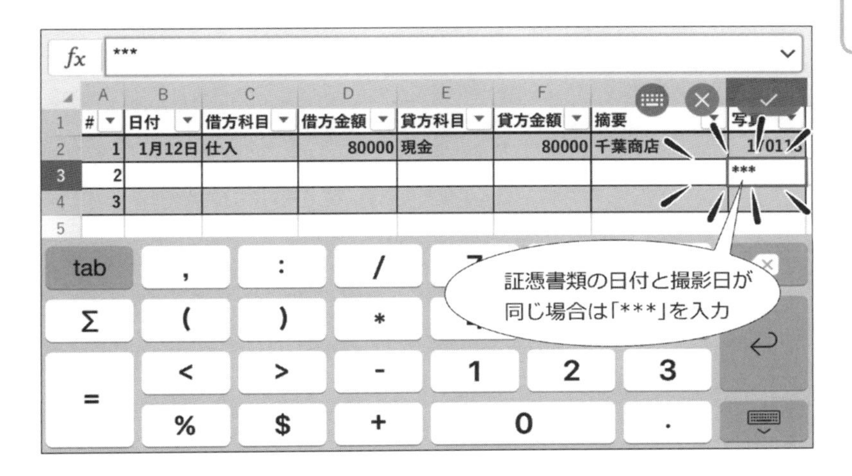

② セルB3に 取引日の「1/13」を入力

③ 仕入商品の値引で現金が増加するので左（借方）に現金1万円を入力（セルC3「現金」 D3「10000」）

④ 現金が1万円増加した結果は 仕入れの値引が原因なので
右(貸方)に仕入1万円を入力(セルE3「仕入」 F3「10000」)

⑤ 摘要欄に 仕入先の「千葉商店 傷で値引」を入力
[✓] をタップして 仕訳終了

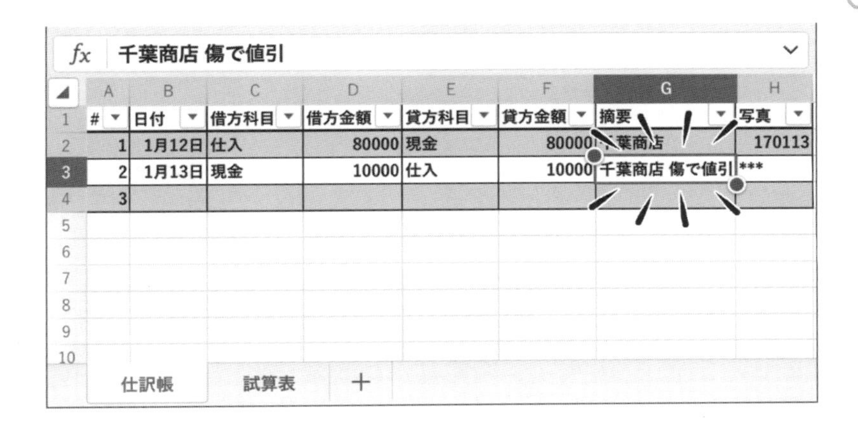

3　貸方金額の自動表示

これまでの入力でわかるように，仕訳では，貸借の金額が一致します．そこで，借方金額欄に金額を入力すると，自動的に同額を，貸方金額に表示する（参照）式を設定しておきましょう．いつも仕訳で金額を入力するのは，借方金額だけで済みますから，入力の手間が省けると同時に転記ミスも防げます．

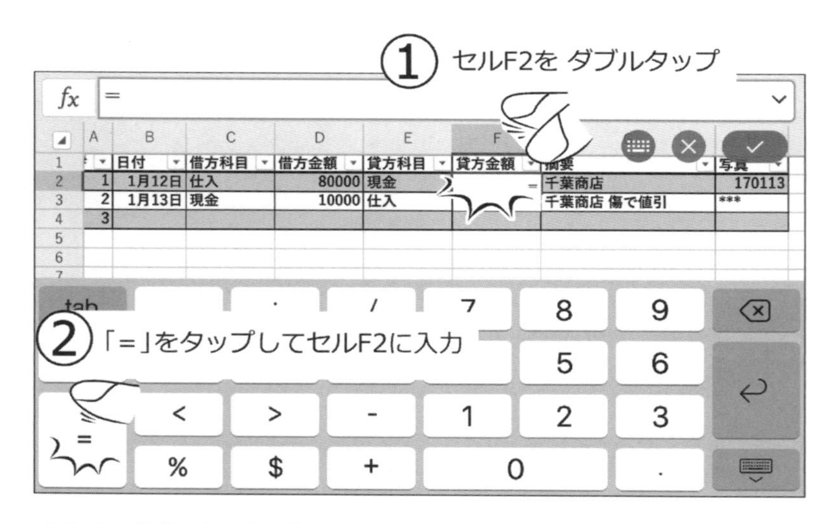

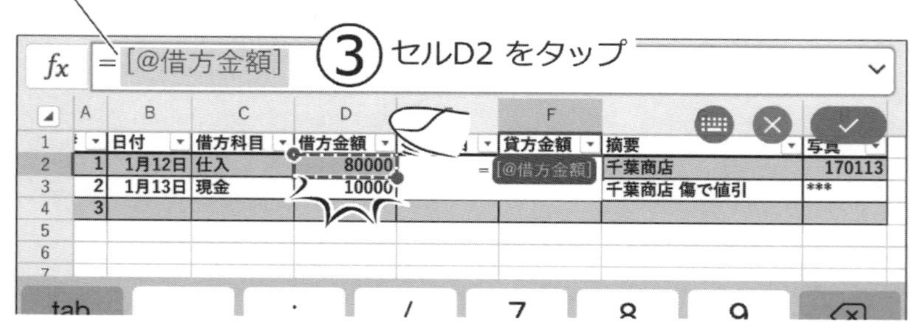

④ ✓ をタップして 式の設定終了

fx ＝[@借方金額]

	A	B	C	D	E	F	G	H
1		日付	借方科目	借方金額	貸方科目	貸方金額	摘要	写真
2	1	1月12日	仕入	80000	現金	80000	千葉商店	170113
3	2	1月13日	現金	10000	仕入	10000	千葉商店 傷で値引	***
4	3							

空欄のまま変化無し

仕訳帳　試算表　＋

※ すでに,セルF3には「10000」の数値が入力されているので,これまでのように F2の式は自動で F3, F4に複写されません. そこで,次の手順で複写します.

〈コピー＆(あんど)ペーストによる複写〉

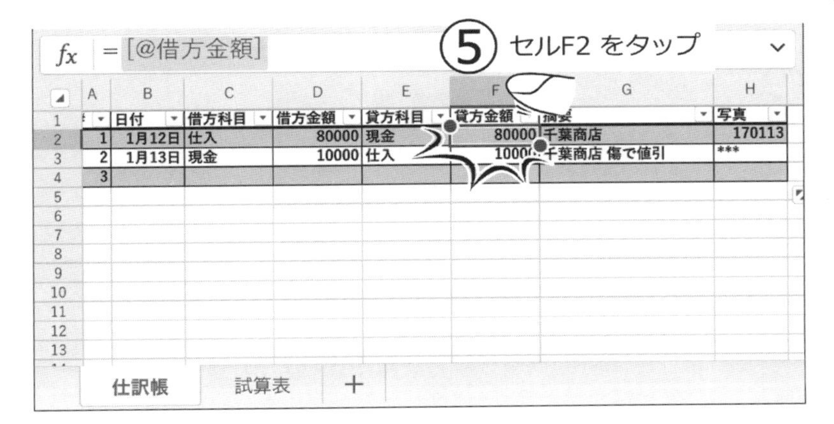

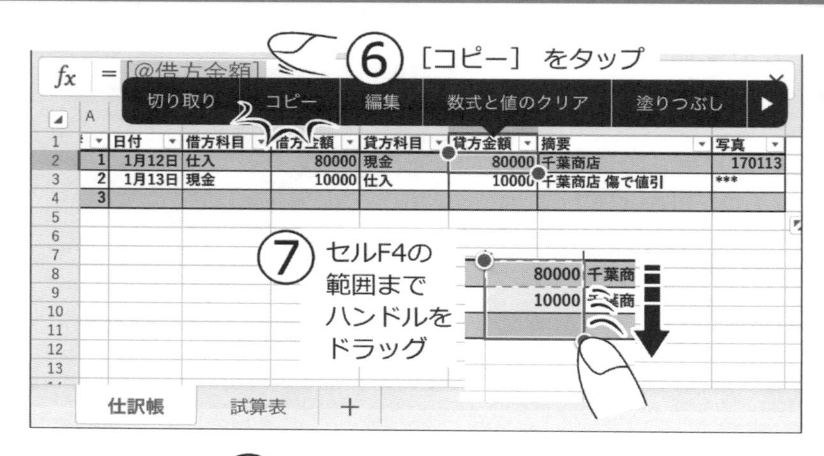
⑥［コピー］をタップ
fx =[@借方金額]
切り取り
コピー
編集
数式と値のクリア
塗りつぶし
日付 借方科目 借方金額 貸方科目 貸方金額 摘要 写真
1 1月12日 仕入 80000 現金 80000 千葉商店 170113
2 1月13日 現金 10000 仕入 10000 千葉商店 傷で値引 ***
3
⑦セルF4の範囲までハンドルをドラッグ
80000 千葉商
10000
仕訳帳
試算表
+

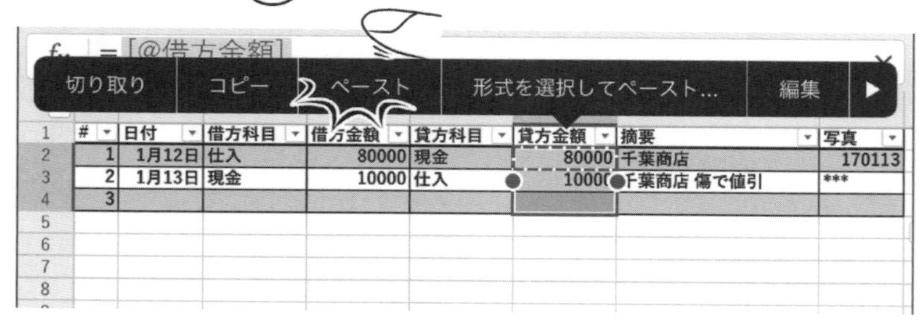
⑧［ペースト］をタップ
fx =[@借方金額]
切り取り
コピー
ペースト
形式を選択してペースト...
編集
日付 借方科目 借方金額 貸方科目 貸方金額 摘要 写真
1 1月12日 仕入 80000 現金 80000 千葉商店 170113
2 1月13日 現金 10000 仕入 10000 千葉商店 傷で値引 ***
3

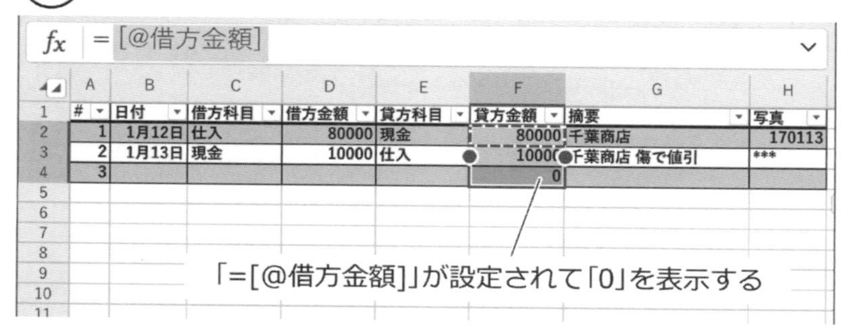
⑨複写の終了
fx =[@借方金額]
A B C D E F G H
日付 借方科目 借方金額 貸方科目 貸方金額 摘要 写真
1 1月12日 仕入 80000 現金 80000 千葉商店 170113
2 1月13日 現金 10000 仕入 10000 千葉商店 傷で値引 ***
3 0
「=[@借方金額]」が設定されて「0」を表示する

ここでの複写（コピー&ペースト）は，記帳の実践でも欠かせない操作の一つです．事業では，繰り返される取引が多いためです．例えば，水道光熱費などは，毎月，ほぼ同じ科目の入力となりますから過去の取引分（p.129 の仕訳帳を参照）を複写して，日付と金額などを修正すれば手間がかかりません．

貸方金額欄に式を設定して，スマホ仕訳帳の入力手順の完成となります．次にまとめてみました．

〈現金取引の仕訳入力手順例〉

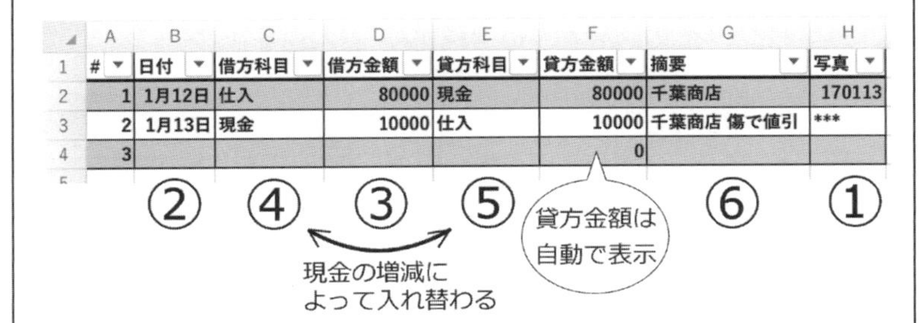

	A	B	C	D	E	F	G	H
1	#	日付	借方科目	借方金額	貸方科目	貸方金額	摘要	写真
2	1	1月12日	仕入	80000	現金	80000	千葉商店	170113
3	2	1月13日	現金	10000	仕入	10000	千葉商店 傷で値引	***
4	3					0		

① 証憑書類の撮影日を入力

② 取引日を入力

③ 取引金額を入力

④ 現金増加は借方科目に入力

⑤ そのあと相手科目を入力

または

④ 現金減少は貸方科目に入力

⑤ そのあと相手科目を入力

⑥ 摘要欄に取引内容を入力

4　取引例の仕訳と入力

①～⑥の６段階の仕訳入力手順を使って，取引例の仕訳の入力を続けましょう．

1月15日　エム広に新聞広告を依頼，料金2万円を支払った．

※ 証憑書類の掲載は省略し，取引と入力（撮影）は同一日に行われるものとします．

① 証憑書類をスマホで写し 取引日と撮影日を確認

#	日付	借方科目	借方金額	貸方科目	貸方金額	摘要	写真
1	1月12日	仕入	80000	現金	80000	千葉商店	170113
2	1月13日	現金	10000	仕入	10000	千葉商店 傷で値引	***
3					0		***

② セルB4に 取引日の「1/15」を入力

#	日付	借方科目	借方金額	貸方科目	貸方金額	摘要	写真
1	1月12日	仕入	80000	現金	80000	千葉商店	170113
2	1月13日	現金	10000	仕入	10000	千葉商店 傷で値引	***
3	1/15				0		***

③ セルD4に取引金額「20000」を入力（F4は自動で同額を表示）

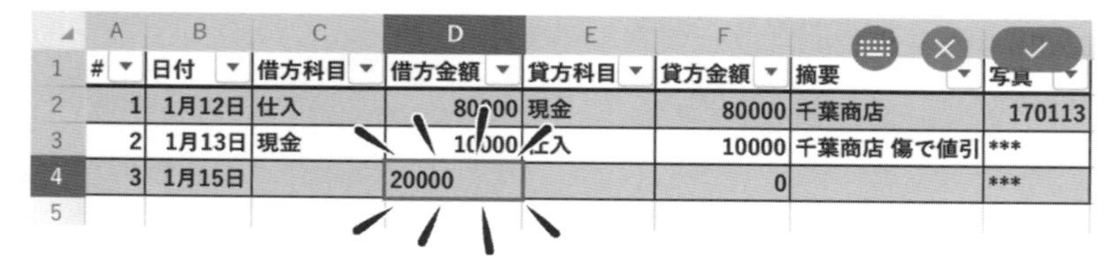

#	日付	借方科目	借方金額	貸方科目	貸方金額	摘要	写真
1	1月12日	仕入	80000	現金	80000	千葉商店	170113
2	1月13日	現金	10000	仕入	10000	千葉商店 傷で値引	***
3	1月15日		20000		0		***

付録

④ 新聞広告料の支払いで現金が減少するので 貸方（セルE4）に「現金」を入力

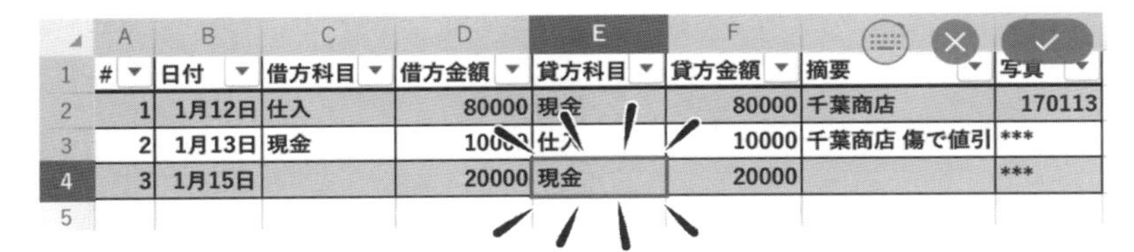

#	日付	借方科目	借方金額	貸方科目	貸方金額	摘要	写真
1	1月12日	仕入	80000	現金	80000	千葉商店	170113
2	1月13日	現金	10000	仕入	10000	千葉商店 傷で値引	***
3	1月15日		20000	現金	20000		***

⑤ 現金が2万円減少した結果は 新聞広告料が原因なので借方（セルC4）に 使用科目の中から「広告宣伝費」を選択して入力

#	日付	借方科目	借方金額	貸方科目	貸方金額	摘要	写真
1	1月12日	仕入	80000	現金	80000	千葉商店	170113
2	1月13日	現金	10000	仕入	10000	千葉商店 傷で値引	***
3	1月15日	広告宣伝費	20000	現金	20000		***

⑥ 摘要欄（G4）に 取引先の「エム広」を入力
✓ をタップして 仕訳終了

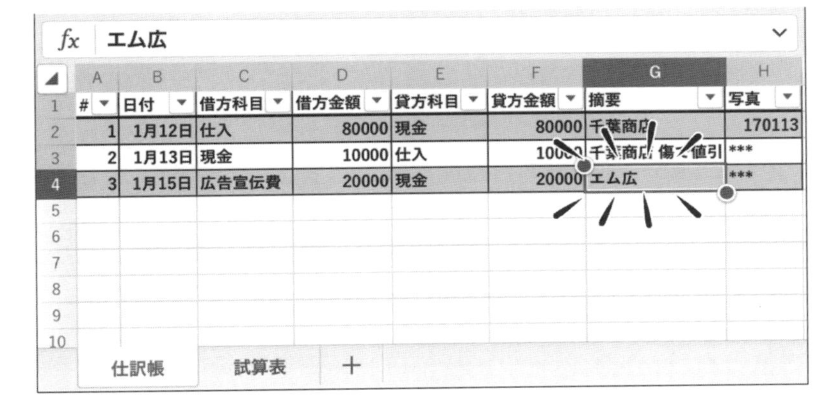

fx エム広

#	日付	借方科目	借方金額	貸方科目	貸方金額	摘要	写真
1	1月12日	仕入	80000	現金	80000	千葉商店	170113
2	1月13日	現金	10000	仕入	10000	千葉商店 傷で値引	***
3	1月15日	広告宣伝費	20000	現金	20000	エム広	***

仕訳帳　試算表　＋

1月16日　エム広1/15の広告料は計算違いで，1万円が返金された．

※ 記入欄が不足したら，A列などにデータを入力すると，新しい行を増やせます．

	A	B	C	D	E	F	G	H
1	#	日付	借方科目	借方金額	貸方科目	貸方金額	摘要	写真
2	1	1月12日	仕入	80000	現金	80000	千葉商店	170113
3	2	1月13日	現金	10000	仕入	10000	千葉商店 傷で値引	***
4	3	1月15日	広告宣伝費	20000	現金	20000	エム広	***
5	4					0		
6								
7								

セルA5に「4」を入力

式が自動で反映されることを確認

① 証憑書類をスマホで写し 取引日と撮影日を確認

入力のためのキーボードが表示されると スクロールして
項目（見出し）名が 列番号の位置に自動で表示される

② セルB5に 取引日の「1/16」を入力

	#	日付	借方科目	借方金額	貸方科目	貸方金額	摘要	
2	1	1月12日	仕入	80000	現金	80000	千葉商店	170113
3	2	1月13日	現金	10000	仕入	10000	千葉商店 傷で値引	***
4	3	1月15日	広告宣伝費	20000	現金	20000	エム広	***
5	4	1/16				0		***
6								

③ セルD5に取引金額「10000」を入力（F5は自動で同額を表示）

	#	日付	借方科目	借方金額	貸方科目	貸方金額	摘要	
2	1	1月12日	仕入	80000	現金	80000	千葉商店	170113
3	2	1月13日	現金	10000	仕入	10000	千葉商店 傷で値引	***
4	3	1月15日	広告宣伝費	20000	現金	20000	エム広	***
5	4	1月16日		10000		0		***
6								

④ 新聞広告料の計算違いで現金が増加するので 借方（セルC5）に「現金」を入力

	#	日付	借方科目	借方金額	貸方科目	貸方金額	摘要	
2	1	1月12日	仕入	80000	現金	80000	千葉商店	170113
3	2	1月13日	現金	10000	仕入	10000	千葉商店 傷で値引	***
4	3	1月15日	広告宣伝費	20000	現金	20000	エム広	***
5	4	1月16日	現金	10000		10000		***
6								

⑤ 現金が1万円増加した結果は 新聞広告料が原因なので貸方（セルE5）に 使用科目の中から「広告宣伝費」を選択して入力

	#	日付	借方科目	借方金額	貸方科目	貸方金額	摘要	
2	1	1月12日	仕入	80000	現金	80000	千葉商店	170113
3	2	1月13日	現金	10000	仕入	10000	千葉商店 傷で値引	***
4	3	1月15日	広告宣伝費	20000	現金	20000	エム広	***
5	4	1月16日	現金	10000	広告宣伝費	10000		***
6								

⑥ 摘要欄(セルG5)に 取引先とその理由「エム広 計算違い」を入力 ✓ をタップして 仕訳終了

fx エム広 計算違い

	#	日付	借方科目	借方金額	貸方科目	貸方金額	摘要	写真
2	1	1月12日	仕入	80000	現金	80000	千葉商店	170113
3	2	1月13日	現金	10000	仕入	10000	千葉商店 傷で値引	***
4	3	1月15日	広告宣伝費	20000	現金	20000	エム広	***
5	4	1月16日	現金	10000	広告宣伝費	10000	エム広 計算違い	***
6								

5 手順の確認

手順を身につけるために，次の二日間の売上取引を，自力で入力しましょう．右ページが正解例です．証憑書類は，すべて取引日に撮影保存済みとします．

1月18日　文京商店に甲商品を売り上げ，現金12万円を受取った．

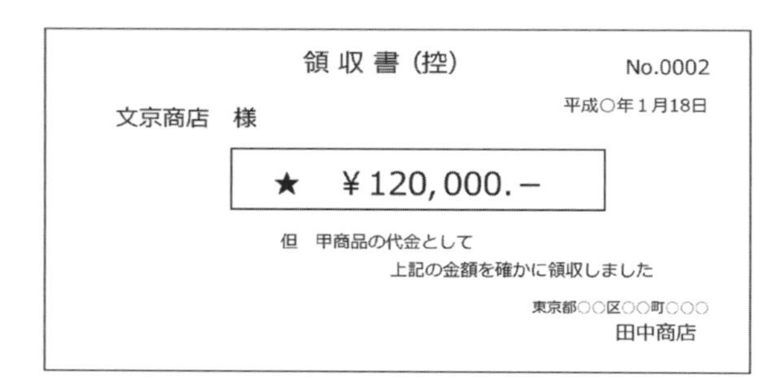

領収書（控）　No.0002

文京商店　様　　平成○年１月18日

★　¥120,000.－

但　甲商品の代金として
上記の金額を確かに領収しました

東京都○○区○○町○○○
田中商店

1月19日　文京商店1/18の売上甲商品に汚れ，値引きで3万円を返金した．

領収書　No.0051

田中商店　様　　平成○年１月19日

¥30,000.-

但　甲商品（1月18日販売）に汚れがあるための値引きとして
上記の金額を確かに領収しました

東京都○○区○○町○○○
文京商店 ㊞

仕訳帳

#	日付	借方科目	借方金額	貸方科目	貸方金額	摘要	写真
1	1月12日	仕入	80000	現金	80000	千葉商店	170113
2	1月13日	現金	10000	仕入	10000	千葉商店 傷で値引	***
3	1月15日	広告宣伝費	20000	現金	20000	エム広	***
4	1月16日	現金	10000	広告宣伝費	10000	エム広 計算違い	***
5	1月18日	現金	120000	売上	120000	文京商店	***
6	1月19日	売上	30000	現金	30000	文京商店 汚れで値引	***

仕訳帳　試算表　+

試算表

区分	使用科目	借方合計	貸方合計	試算表残高
資産	現金	140000	130000	10000
資産	売掛金	0	0	0
負債	買掛金	0	0	0
収入	売上	30000	120000	-90000
売上原価	仕入	80000	10000	70000
経費	広告宣伝費	20000	10000	10000
－	諸口	0	0	0

仕訳帳　試算表　+

3 現金取引外の記帳

現金取引ではない取引について考えてみましょう．

1 掛け仕入

右の取引例のように，代金後日払いで商品を購入する掛け仕入では，商品の納入日に現金は減少しません．しかし，在庫は増えますから，決算書に直接影響を与える取引となり，仕訳帳への入力が必要です．このように現金の増減に関係なく，取引の事実が発生した時点で記帳する考え方は，発生主義とよばれます．

現金取引での仕入の発生は借方入力でした．これが掛け取引だからといって「仕入」が貸方となったのでは，試算表の仕入残高が正しく表示されません．つまり，仕入の発生は，いつも借方入力なのです．したがって，相手科目は，自動的に貸方入力となります．その科目名は，買って掛けですから「買掛金（かいかけきん）※」を使用科目の中から選びます．なお，証憑書類は，商品納入時に添付される納品書や請求書などを用います．

※仕入代金を後日支払わなければならない義務

掛け仕入はいつ入力？

商品が納品された時点

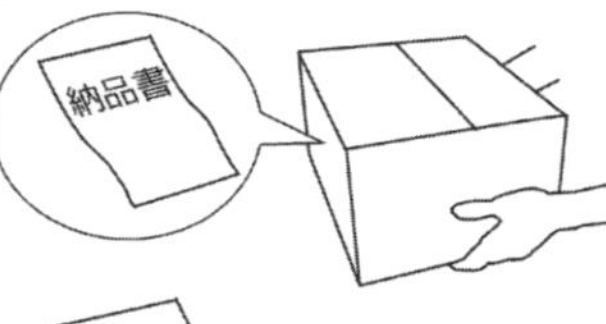

請求書を受け取った時点

※ 仕入の計上時期については，他の基準も考えられます．

> 1月21日　埼玉商店から乙商品を掛けで仕入れ，代金5万円は
> 　　　　　2/5 支払いとした．

※ 記帳（入力と証憑書類の撮影）は，取引の翌日行う．

納　品　書　　　平成○年1月21日

田中商店　御中

東京都○○区○○町○○○
埼玉商店

下記のとおり納品致しました

	品　名	数量	単価	金額
1	乙商品	1		46,297
2				
3				
		小　計		46,297
		消費税額		3,703
		合　計		50,000

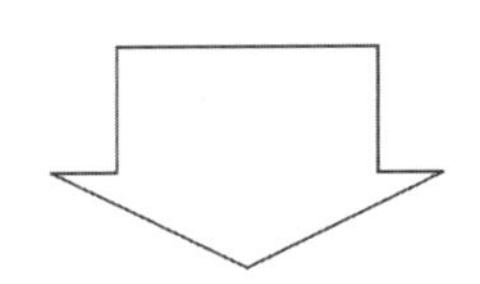

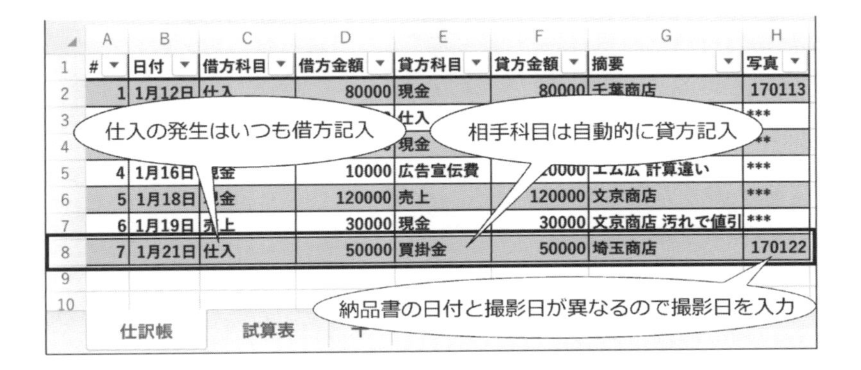

	A	B	C	D	E	F	G	H
1	#	日付	借方科目	借方金額	貸方科目	貸方金額	摘要	写真
2	1	1月12日	仕入	80000	現金	80000	千葉商店	170113
3					仕入			***
4					現金			***
5	4	1月16日	現金	10000	広告宣伝費	10000	エム広 計算違い	***
6	5	1月18日	現金	120000	売上	120000	文京商店	***
7	6	1月19日	売上	30000	現金	30000	文京商店 汚れで値引	***
8	7	1月21日	仕入	50000	買掛金	50000	埼玉商店	170122
9								
10								

2 掛け売上

掛け売上は，得意先に商品を先に納入してから，後日代金を受け取ることになります．したがって，納入時に現金の増減はありませんが，掛け仕入と同様に在庫は変動しますから，取引となり仕訳が必要です．

現金取引での売上を参考にすると，商品を売り上げた（発生した）ときの「売上」は貸方入力となります．すると，相手科目は自動的に借方入力となり，使用科目から売って掛けの「売掛金（うりかけきん）※」を選択します．

なお，仕入や売上を発生主義で記帳すると，その計上時期を作為的（さくいてき）に動かせないことになり，期間の損益を正しく把握できるなどのメリットがあります．とくに売上については，所得（利益）の算定の根本となるものですから，期間中の金額を適正に表示することが求められます．

※販売（売上）代金を後日受け取ることのできる権利

掛け売上はいつ入力？

商品を出荷した時点

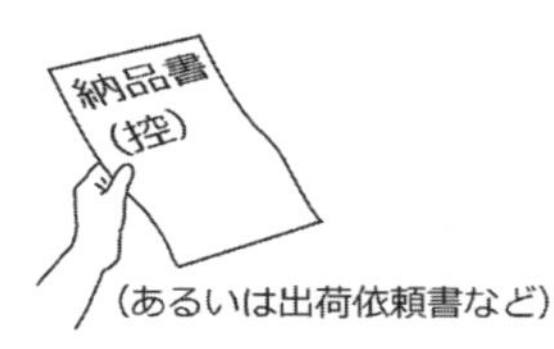

請求書を発行した時点

※ 仕入や売上の計上時期については，いずれの場合も合理的なもので，継続して採用しなければなりません．

1月24日　江東商店に乙商品を掛けで売り上げ，代金9万円は
2/10 受け取りとした．

納品書(控)

納品番号0001

平成○年1月24日

江東商店　御中

東京都○○区○○町○○○

田中商店

下記のとおり納品致しました

	商品名	単価	数量	金額
	乙商品		1	83,334
税抜き合計				83,334
消費税額				6,666
税込み合計				90,000

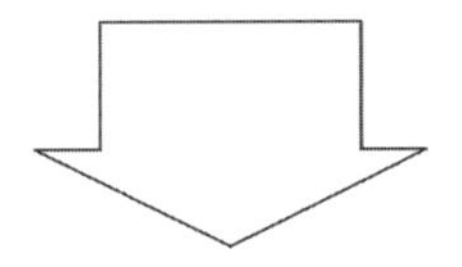

	A	B	C	D	E	F	G	H
1	#	日付	借方科目	借方金額	貸方科目	貸方金額	摘要	写真
2	1	1月12日	仕入	80000	現金			170113
3	2	1月13日	現金	1000			引	***
4					現金			***
5					広告宣伝費	10000	エム広 計算違い	***
6	5	1月18日	現金	120000	売上	120000	文京商店	***
7	6	1月19日	売上	30000	現金	30000	文京商店 汚れで値引	***
8	7	1月21日	仕入	50000	買掛金	50000	埼玉商店	170122
9	8	1月24日	売掛金	90000	売上	90000	江東商店	***
10								

仕訳帳　試算表　＋

売上の発生はいつも貸方記入

相手科目は自動的に借方記入

3　預貯金取引

当座預金，定期預金以外の預貯金※取引の使用科目は，一般に「普通預金」が使われます．この科目は，事業専用（あるいは専用とみなす）口座に使われる科目です．したがって，すぐに専用口座が準備できないのであれば，5章で紹介している兼用口座の仕訳（p.117）も参考にしましょう．

預貯金取引は，次の仕訳例でわかるように，現金取引と同様に考えて，口座の出し入れを現金の入出金に置きかえて仕訳します．なお，スマホ試算表の使用科目に「普通預金」を準備していませんから，ここでの仕訳は，スマホ仕訳帳に入力しません．

※預貯金：銀行預金と貯金を指しています．貯金はゆうちょ銀行やJAバンクなどで用いられています．

〔仕訳例〕1月12日　千葉商店から甲商品を仕入れ，代金8万円をネット銀行普通預金口座から振り込んだ．

（借方）仕入　80,000　（貸方）普通預金　80,000

〔仕訳例〕1月18日　文京商店に甲商品を売り上げ，代金12万円が国民銀行普通預金口座に振り込まれた．

（借方）普通預金　120,000　（貸方）売上　120,000

「普通預金」は，決算書の貸借対照表の科目名として単独で掲げられていませんから，新たに設けなければ「その他の預金」に含まれることになります．

4　試算表残高の貸借

これで仕訳の基本的な取引例の入力手順を終えますが，最後に試算表残高のマイナス表示について考えます．

図のように，これまでの仕訳の入力で「買掛金」と「売上」科目の試算表残高は，マイナスになっています．

このマイナスの意味ですが，いわゆる金額が減少，あるいは，不足というわけではありません．その使用科目の残高が，借方・貸方のいずれにあるかを表すものです．プラスであれば借方に残高があり，マイナスならば貸方残高です．この点は，しっかり押さえておきましょう．

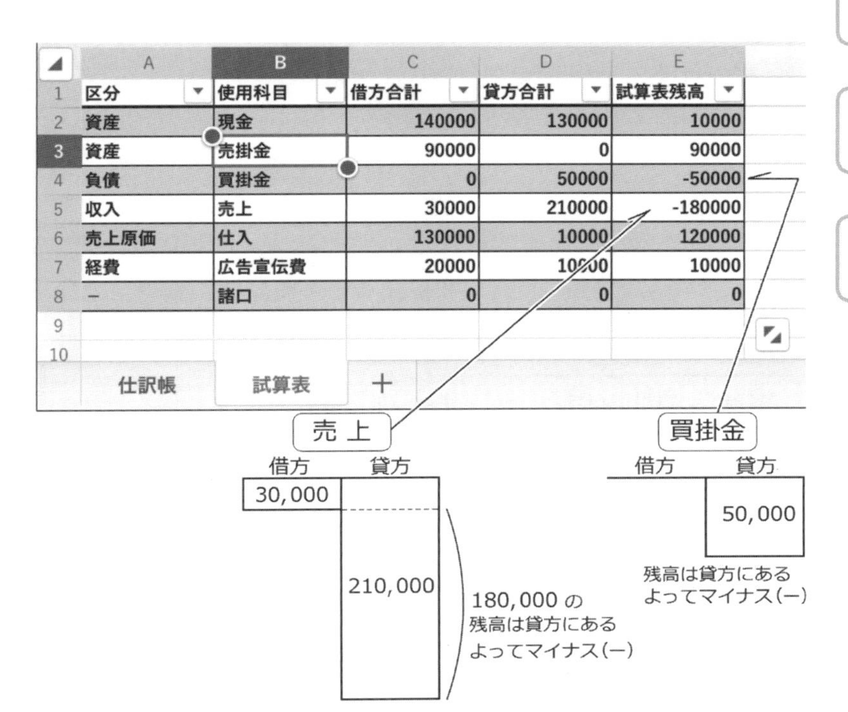

区分	使用科目	借方合計	貸方合計	試算表残高
資産	現金	140000	130000	10000
資産	売掛金	90000	0	90000
負債	買掛金	0	50000	-50000
収入	売上	30000	210000	-180000
売上原価	仕入	130000	10000	120000
経費	広告宣伝費	20000	10000	10000
ー	諸口	0	0	0

4 仕訳のルール

これまで見てきたスマホ仕訳帳の入力方法から，仕訳のルールを考えます．

1 資産の部

商品を売り上げた二つの取引例について，1月18日は，現金が増加して「現金」借方入力でした．また，1月24日の掛け売上の「売掛金」も増加で同じ借方入力です．

ここで貸借対照表をよくみると，図のように「現金」と「売掛金」は，同じ資産の部に属しています．実は，資産の部に掲げられている科目は，増加すると借方入力，減少は貸方入力となるのです．そこで「**資産の増加は借方，資産の減少は貸方**」と覚えましょう．

資産の増加は借方
--- 減少は貸方

貸　借　対　照　表

資産の部		
科　目	月　日(期首)	月　日(期末)
現　金	円	円
当座預金		
定期預金		
その他の預金		
受取手形		
売掛金		
有価証券		
棚卸資産		
前払金		
貸付金		
建　物		
建物附属設備		
機械装置		
車両運搬具		
工具器具備品		
土　地		

2 負債・資本の部

貸借対照表で，資産とは反対側に並んでいる負債・資本の部に属する科目は，入力法も資産とは反対になります．「**負債の増加は貸方，負債の減少は借方**」です．

1月21日の掛け仕入の取引例では，買掛金が増加しますから，負債の増加で貸方入力となり，仕訳例と合致します．

資本の科目（元入金（もといれきん）等）は取引例にはありませんでしたが，負債の科目と同様に「資本の増加は貸方，資本の減少は借方」となります．

なお，貸借対照表の科目の「事業主貸（じぎょうぬしかし）」と「事業主借（じぎょうぬしかり）」については，個人事業主のみが使用する特殊な科目で5章（p.114）でとりあげます．

（資 産 負 債 調）

（平成　年　月　日現在）

負債・資本の部		
科目	月　日(期首)	月　日(期末)
支払手形	円	円
買掛金		
借入金		
未払金		
前受金		
預り金		
貸倒引当金		

負債・資本の増加は貸方
--- 減少は借方

3 収　入

ここからは，損益計算書の科目に関する仕訳ルールです．

取引で売上が生じると「現金」や「売掛金」などの資産の増加で，それらの科目は借方入力になりますから「売上」は，貸方入力になります．また，1月19日の仕訳例のように，売り上げた商品に汚れがあり値引した場合は，発生したときとは反対の借方に記入して，売上金額から差し引く仕訳を行います．

したがって，売上の他に雑収入，家事消費などを含めた収入で考えると「**収入の発生は貸方入力，収入の取消は借方入力**」となります．

収入の発生は貸方
--- 取消は借方

損　益

科　目			金　額 (円)
売上(収入)金額		①	
売上原価	期首商品棚卸高	②	
	仕入金額	③	
	小　計(②+③)	④	
	期末商品棚卸高	⑤	
	差引原価(④−⑤)	⑥	
差引金額(①−⑥)		⑦	
経	租税公課	⑧	
	荷造運賃	⑨	
	水道光熱費	⑩	
	旅費交通費	⑪	
	通信費	⑫	

経

費

4 売上原価

売上原価欄の「仕入」については，商品を仕入れると現金などが減少することから「売上」とは正反対になります．

「**仕入の発生は借方入力，仕入の取消は貸方入力**」です．

なお，試算表の仕入科目の残高は，そのまま期間中の売上に対応する必要経費とはなりません．売上原価欄をみるとわかるように，期首や期末の在庫を考慮します．したがって，売上原価は，期末において商品の数量や金額を調べる棚卸しとよばれる作業によって，在庫金額を確定させてから決まることになります．

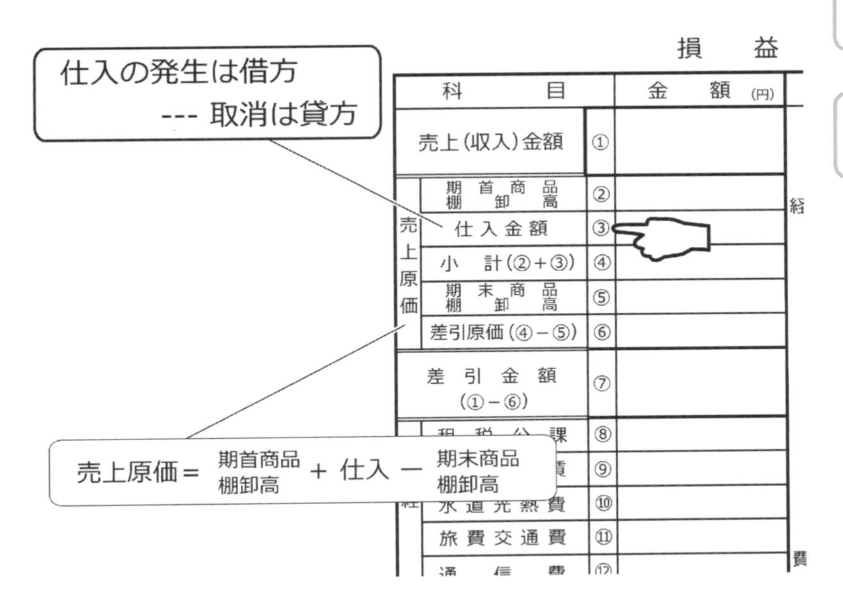

5 経費

1月15日の仕訳例のように，広告宣伝を行えば，必ず現金などの支出（資産の減少）や借入（負債の増加）などをともないます．つまり，広告宣伝費は，発生すると借方入力になります．

この広告宣伝費のルールは，広告宣伝費の属する損益計算書のすべての経費科目に当てはまり「**経費の発生は借方入力，経費の取消は貸方入力**」となります．

経費の発生は借方
--- 取消は貸方

損　益　計　算　書　（自　月

			(円)
売上原価	期首商品棚卸高	②	
	仕入金額	③	
	小　計(②＋③)	④	
	期末商品棚卸高	⑤	
	差引原価(④－⑤)	⑥	
差引金額(①－⑥)		⑦	
経費	租税公課	⑧	
	荷造運賃	⑨	
	水道光熱費	⑩	
	旅費交通費	⑪	
	通信費	⑫	
	広告宣伝費	⑬	
	接待交際費	⑭	
	損害保険料	⑮	
	修繕費	⑯	

	科目		金額 (円)
経費	消耗品費	⑰	
	減価償却費	⑱	
	福利厚生費	⑲	
	給料賃金	⑳	
	外注工賃	㉑	
	利子割引料	㉒	
	地代家賃	㉓	
	貸倒金	㉔	
		㉕	
		㉖	
		㉗	
		㉘	
		㉙	
		㉚	
	雑費	㉛	
	計	㉜	
差引金額(⑦－㉜)		㉝	

仕訳のルールをまとめると，次のとおりです．

仕訳のルール

資産 の部の科目は

増加は借方 --- 減少は貸方

資産
借方：増加　｜　貸方：減少

負債・資本 の部の科目は

増加は貸方 --- 減少は借方

負債・資本
減少　｜　増加

収入 の科目は

発生は貸方 --- 取消は借方

収入
取消　｜　発生

経費 (仕入を含む) の科目は

発生は借方 --- 取消は貸方

経費
発生　｜　取消

4章

帳簿の活用

1 フィルター

スマホ仕訳帳や試算表には，フィルターコントロールとよばれるボタンが項目別に自動でセットされます．このボタンをタップすることで，仕訳帳に入力したデータの並べ替えや抽出などが簡単に行えます．

1 並べ換え

過去（1月14日）の取引記入漏れが見つかったとします．その取引を右ページのように入力した場合は，次のようになります．もちろん，行の挿入でも修正は可能です．

①「日付」のフィルターボタンをタップ

	A	B	C	D	E	F
1	#	日付	借方科目	借方金額	貸方科目	貸方金額
2	1	1月12日	仕入	80000	現金	80
3	2	1月13日	現金	10000	仕入	10
4	3	1月15日	広告宣伝費	20000	現金	20
5	4	1月16日	現金	10000	広告宣伝費	10
6	5	1月18日	現金	120000	売上	120
7	6	1月19日	売上	30000	現金	30

並べ替えとフィルター

②「昇順」をタップ

A/Z↓ 昇順

Z/A↓ 降順

アイテムのフィルター

	A	B	C	D	E	F	G	H
1	#	日付	借方科目	借方金額	貸方科目	貸方金額	摘要	写真
2	1	1月12日	仕入	80000	現金	80000	千葉商店	170113
3	2	1月13日	現金	10000	仕入	10000	千葉商店 傷で値引	***
4	3	1月15日	広告宣伝費	20000	現金	20000	エム広	***
5	4	1月16日	現金	10000	広告宣伝費	10000	エム広 計算違い	***
6	5	1月18日	現金	120000	売上	120000	文京商店	***
7	6	1月19日	売上	30000	現金	30000	文京商店 汚れで値引	***
8	7	1月21日	仕入	50000	買掛金	50000	埼玉商店	170122
9	8	1月24日	売掛金	90000	売上	90000	江東商店	***
10	9	1月14日	仕入	20000	現金	20000	神奈川商店	170125
11								

	A	B	C	D	E	F	G	H
1	#	日付 ↑	借方科目	借方金額	貸方科目	貸方金額	摘要	写真
2	1	1月12日	仕入	80000	現金	80000	千葉商店	170113
3	2	1月13日	現金	10000	仕入	10000	千葉商店 傷で値引	***
4	9	1月14日	仕入	20000	現金	20000	神奈川商店	170125
5	3	1月15日	広告宣伝費	20000	現金	20000	エム広	***
6	4	1月16日	現金	10000	広告宣伝費	10000	エム広 計算違い	***
7	5	1月18日	現金	120000	売上	120000	文京商店	***
8	6	1月19日	売上	30000	現金	30000	文京商店 汚れで値引	***
9	7	1月21日	仕入	50000	買掛金	50000	埼玉商店	170122
10	8	1月24日	売掛金	90000	売上	90000	江東商店	***
11								

※「並べ換え」を使えば，記帳後，入力ミスに気づいたときの追加や訂正の他に，数日分の取引をまとめて仕訳するような場合にも，取引日を気にせずに，一気にデータが入力できます．
なお，仕訳帳は，上の並べ換えの動作確認が終わったら，行を削除するなどして，追加修正前の状態に戻しておきましょう．

2 集　計

テーブルは，項目（列）ごとの集計結果を表示できます．

〈借方合計を求める〉

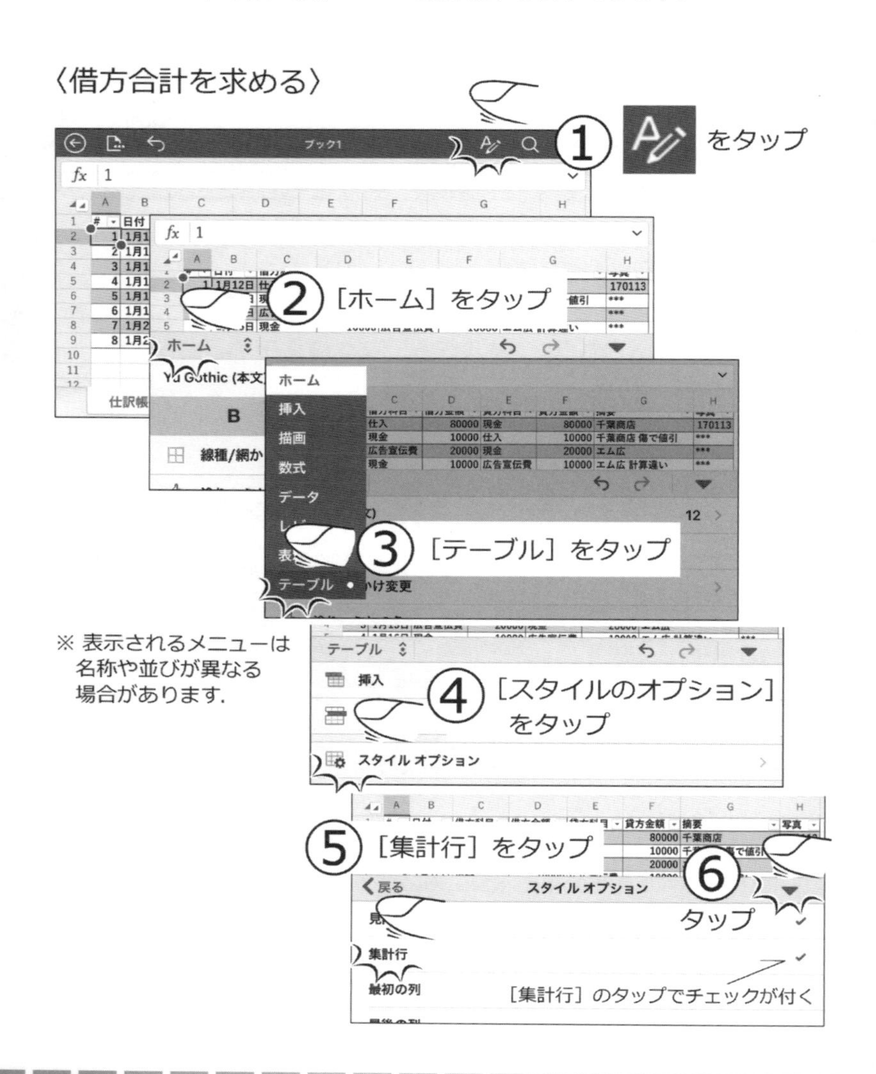

※ 表示されるメニューは名称や並びが異なる場合があります．

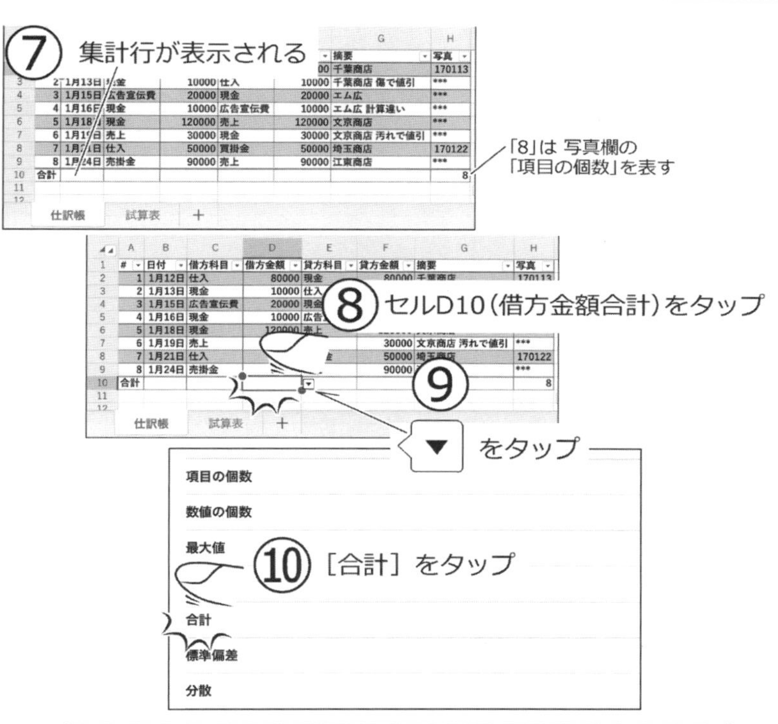

	A	B	C	D	E	F	G	H
1	#	日付	借方科目	借方金額	貸方科目	貸方金額	摘要	写真
2	1	1月12日	仕入	80000	現金	80000	千葉商店	170113
3	2	1月13日	現金	10000	仕入	10000	千葉商店 傷で値引	***
4	3	1月15日	広告宣伝費	20000	現金	20000	エム広	***
5	4	1月16日	現金	10000	広告宣伝費	10000	エム広 計算違い	***
6	5	1月18日	現金	120000	売上	120000	文京商店	***
7	6	1月19日	売上	30000	現金	30000	文京商店 汚れで値引	***
8	7	1月21日	仕入	50000	買掛金	50000	埼玉商店	170122
9	8	1月24日	売掛金	90000	売上	90000	江東商店	***
10	合計			410000				8
11								
12								

仕訳帳　試算表　＋

⑪ 借方金額の集計（合計）を表示

※ 同様の手順で「貸方金額」の合計も，セルF10 に表示させてみましょう．
なお，集計行を消す場合は，手順①～⑥で ［集計行］ のチェックを外します．

3 抽 出

売上，仕入，そして，経費ごとの取引内容やその合計などを把握したい場合は，抽出機能を使います．仕訳帳の抽出では，現金出納帳には記帳されない売掛金や買掛金などの現金取引以外の内容も表示できます．

〈入金の動きを知りたい〉

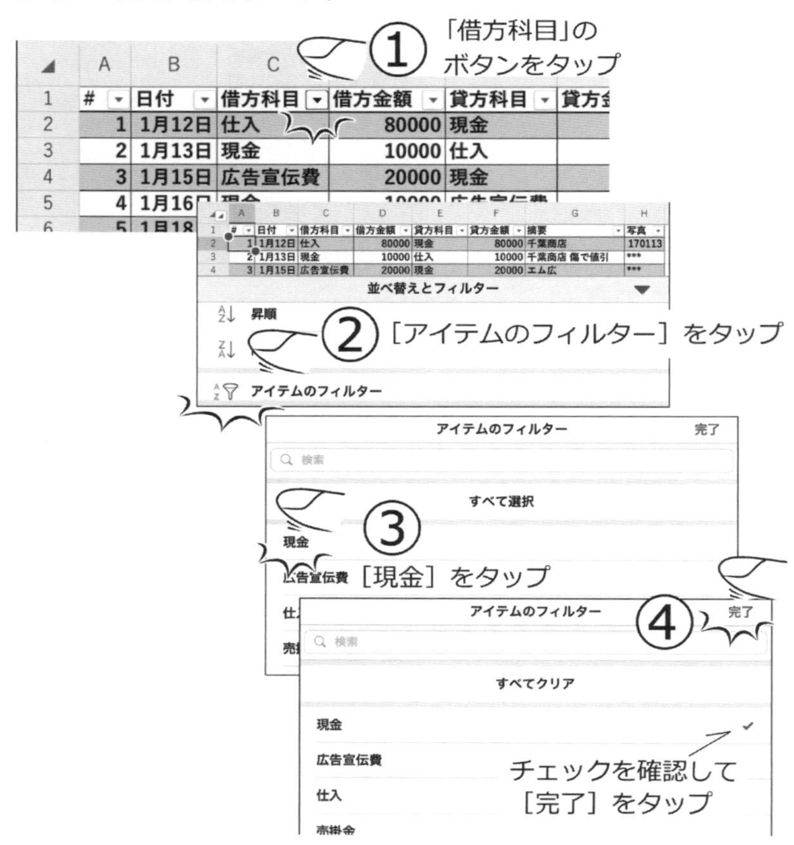

⑤ 借方科目の現金行のみを抽出

フィルター実行時はボタン表示が変わる

	A	B	C	D	E	F	G	H
1	#	日付	借方科目	借方金額	貸方科目	貸方金額	摘要	写真
3	2	1月13日	現金	10000	仕入	10000	千葉商店 傷で値引	***
5	4	1月16日	現金	10000	広告宣伝費	10000	エム広 計算違い	***
6	5	1月18日	現金	120000	売上	120000	文京商店	***
10	合計			140000		140000		3

仕訳帳　試算表　＋

借方の「現金」だけの合計が表示される

相手科目と摘要の表示によって入金の原因とその金額が把握できる

〈抽出前の画面に戻す〉

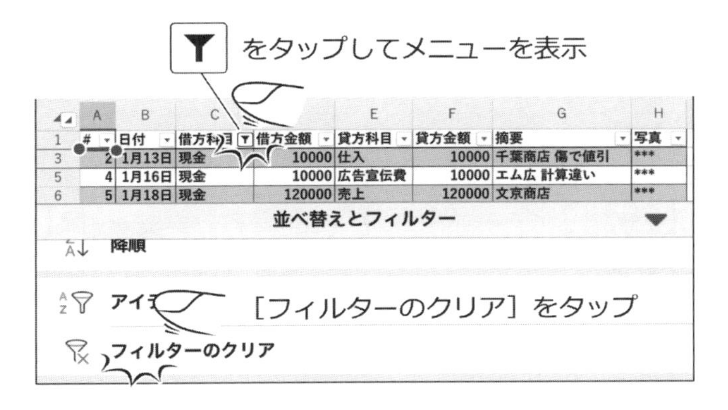

2 所得の算定

スマホ試算表のデータを使って，記帳の大きな目的の一つである事業の所得金額を求めてみましょう．

1 所得の算定式

所得金額の算定式は「各種引当金・準備金等，青色申告特別控除額」を考慮しなければ，次式で表されます．

所得金額 ＝ 収入金額（①） − 売上原価（⑥） − 経費（㉜）

損　益　計　算　書　（自　月　日至　月　日）

科目			金額(円)
売上(収入)金額		①	← ①
売上原価	期首商品棚卸高	②	
	仕入金額	③	
	小計(②+③)	④	
	期末商品棚卸高	⑤	
	差引原価(④−⑤)	⑥	← ⑥
差引金額(①−⑥)		⑦	
経費	租税公課	⑧	
	荷造運賃	⑨	
	水道光熱費	⑩	
	旅費交通費	⑪	
	通信費	⑫	
	広告宣伝費	⑬	
	接待交際費	⑭	
	損害保険料	⑮	
	修繕費	⑯	

科目			金額(円)
経費	消耗品費	⑰	
	減価償却費	⑱	
	福利厚生費	⑲	
	給料賃金	⑳	
	外注工賃	㉑	
	利子割引料	㉒	
	地代家賃	㉓	
	貸倒金	㉔	
		㉕	
		㉖	
		㉗	
		㉘	
		㉙	
		㉚	
	雑費	㉛	
	計	㉜	← ㉜
差引金額(⑦−㉜)		㉝	

科目				
各種引当金・準備金等	繰戻額等	貸倒引当金	㉞	
			㉟	
			㊱	
		計	㊲	
	繰入額等	専従者給与	㊳	
		貸倒引当金	㊴	
			㊵	
			㊶	
		計	㊷	
青色申告特別控除前の所得金額(㉝+㊲−㊷)			㊸	
青色申告特別控除額			㊹	
所得金額(㊸−㊹)			㊺	

所得金額 ＝ 収入金額（①） − 売上原価（⑥） − 経費（㉜） ＋ 繰戻額（㊲） − 繰入額（㊷）（各種引当金・準備金等） − 青色申告特別控除額（㊹）

スマホ試算表の区分には，左の算定式に必要な「収入」「売上原価」「経費」が表示されています．したがって，所得金額は，区分欄のフィルターボタンで，それらを抽出し合計することで，試算表残高の集計欄に表示できます．

収入の発生は貸方，売上原価と経費の発生は借方に入力されることから残高は貸方となり，利益が上がっている場合は，金額にマイナス符号が付きます．手順③では「－50000」の表示ですから，所得（利益）金額は5万円です．

①「1.（3）集計」の手順で 試算表残高欄に「合計」を表示

	A	B	C	D	E	F
1	区分	使用科目	借方合計	貸方合計	試算表残高	
2	資産	現金	140000	130000	10000	
3	資産	売掛金	90000	0	90000	
4	負債	買掛金	0	50000	-50000	
5	収入	売上	30000	210000	-180000	
6	売上原価	仕入	130000	10000	120000	
7	経費	広告宣伝費	20000	10000	10000	
8	－	諸口	0	0	0	
9	計				0	
10						

仕訳帳　試算表　＋

試算表残高の合計は「0」と表示される

②「1.（2）抽出」の手順で 区分欄にフィルターを設定

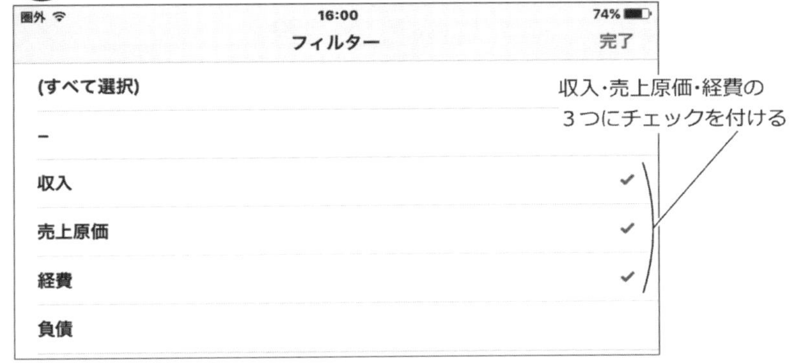

③ ［完了］をタップすると 所得金額を表示

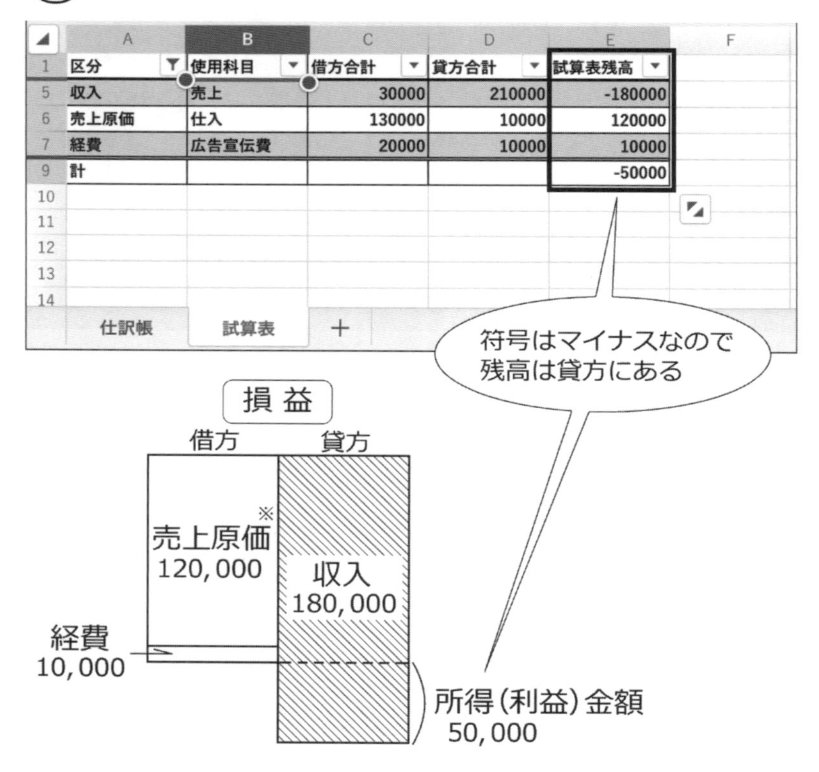

※ この例での売上原価は，当期の仕入金額だけで
期首商品棚卸高や期末商品棚卸高は考慮されていません．

2 算定式からわかること

所得金額の算定式から，売上高が一定の場合，売上原価や経費が大きいほど，所得金額は小さくなります．納税額は，所得金額に税率を乗じて求められますから，節税を考えるならば，経費をもれなく計上することが重要です．

このとき，使用科目の選択について，あまり悩む必要はありません．例えば，初心者が仕訳をするときに，事業用自動車のガソリン代を「旅費交通費」にするか，あるいは「消耗品費」にするかで迷うことが考えられます．しかし，算定式から，どちらの科目で計上しても経費総額は同じです．つまり，所得金額からみれば，経費として適正に計上されるのであれば，その使用科目については，あまり神経質に考えなくても良いことになります．

ポイントは，事業の取引内容が，誰にでも説明できる形で仕訳するために，自分の扱いやすい使用科目を選んで記帳することです．使用科目だけでは，取引の内容がわかりにくいときは，仕訳帳の摘要欄などを利用しましょう．

ただし，注意が必要なのは，一度選択した使用科目や記帳法などは，むやみに変更せずに毎期継続することが重要で，作為的に所得を操作していると疑われないように注意しなければなりません．

3　所得表示の注意点

スマホ試算表の所得金額は，仕訳帳に日々の取引の仕訳を入力するたびに，自動で表示できます．したがって，表示される所得金額は，その入力時点でのものです．また，表示される所得金額は，次のような売上原価や減価償却費（p.139）などが考慮されていません．これらは，いわゆる決算※とよばれる手続きで計上されるものですから，スマホ仕訳帳に入力されていないのです．

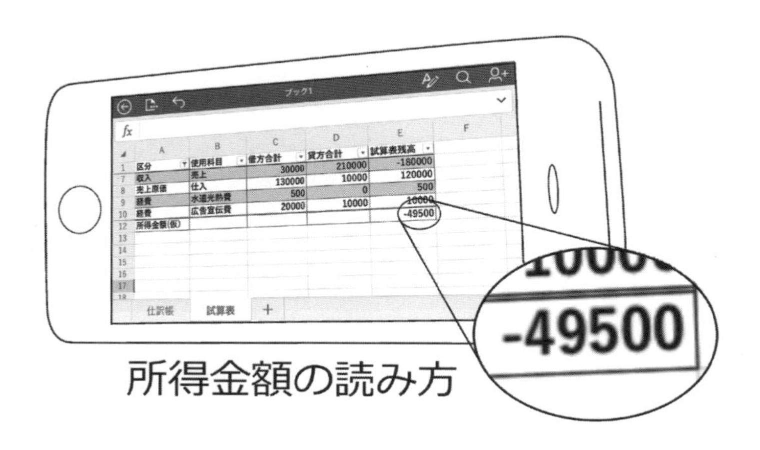

	A	B	C	D	E
1	区分	使用科目	借方合計	貸方合計	試算表残高
7	収入	売上	30000	210000	-180000
8	売上原価	仕入	130000	10000	120000
9	経費	水道光熱費	500	0	500
10	経費	広告宣伝費	20000	10000	10000
12	所得金額(仮)				-49500

所得金額の読み方

1）売上原価の算定

3章（p.95）で紹介したように，売上原価は，前期から繰り越された商品（期首商品棚卸高）に，試算表の当期仕入分を加えて，現在の売れ残り商品（期末商品棚卸高）を差し引いて求められます．したがって，棚卸しの手続きなどが必要です．もちろん，在庫を持たない事業であれば，不要です．

2）減価償却費の計上

建物，自動車（車両運搬具），備品などの減価償却資産を事業で使っている場合は，スマホ試算表の所得金額から，表示時点での減価償却費を勘案しなければなりません．一般に，減価償却費の金額は，経費の中でも大きくなりますから，減価償却費（年額）を月割するなどして，およその金額を把握して，スマホに表示された所得金額を読む必要があります．

3）期間対応の確認

所得は，期間を区切ってはじめて計算できます．したがって，収入金額，売上原価，そして，経費は，すべて所得の算定対象となった期間に対応するものでなければなりません．各科目は，発生主義による仕訳が行われて，期間に対応した金額が入力されたものかチェックしましょう．

例えば，火災保険料や自動車の損害保険料などを，向こう1年分支払うことがあります．このような経費については，所得表示した時点を超えた分を，差し引いて考えなければなりません．所得金額は，実際より小さく表示されているかもしれません．

このような点に注意しながら，スマホ試算表の数字を読むことで，より精度の高い所得金額を把握できることになります．

※通常，1月1日から12月31日までの1年間に記録した帳簿などをもとにして，決算書等を作るために行われる手続きを決算とよんでいます．なお，詳しい決算などの内容については，次の税務署の資料（国税庁のホームページからもダウンロードできます）を参照しましょう．

・『平成○○年分白色申告者の決算の手引（一般用）』
・『平成○○年分青色申告の決算の手引き（一般用）』

とくに減価償却などの内容や手続きについては，初心者にとって，難しい部分がありますから，帳簿の取り扱いに慣れてから，最新のものを取り寄せて研究しましょう．

5章

記帳のポイント

本章は，わかりやすさを優先して，税法や会計法規等に照らして正確な表現とはいえない部分があります．

税法では，多様な処理法から記帳法を選択できる場合が多いこと，そして，簿記会計的な処理を認めないケースもありますから，事情によっては，ここでの仕訳例が不適当となる可能性もあります．

1 事業主貸と事業主借

個人事業の記帳では，会社（法人企業）の記帳には見られない貸借対照表の「事業主貸」「事業主借」という独特な科目の理解が欠かせません．具体的に見ていきましょう．

1 事業主貸

個人事業主は，役員報酬などが認められている会社と違って，事業から給料や報酬を受け取ることができません．個人事業と事業主は一体という考え方のためです．したがって，もし事業以外での収入がなければ，生活費は，売上金などから捻出することになります．すると，現金は減少しますから，決算書に影響を与える取引となり，仕訳が必要です．しかし，生活費は，事業（活動）とは直接関係のない支出で，経費とは認められません．資産の減少で貸方「現金」と仕訳したときの相手科目が不明となります．

〔仕訳例〕お店の金庫から生活費として1万円を使った．

（借方） ?	10,000	（貸方）現金	10,000

そこで，貸借対照表の資産の部に設けられている「事業主貸」を使用します．

（借方）事業主貸	10,000	（貸方）現金	10,000

これで損益計算書（所得の算定式）に影響を与えずに，現金の減少を計上できます．

2 事業主借

〔仕訳例〕事業以外で得たパート代８万円を受け取り，５万円を事業資金として金庫に入れた．

（借方）現金　50,000　（貸方）　？　50,000

上の仕訳例は，資産の増加で，借方の「現金」は問題ありませんが，貸方の相手科目が不明です．パート代やアルバイト料は，税法の所得区分で給与所得などにあたり，売上などの事業収入にはなりません．このような場合，貸借対照表の負債・資本の部の「事業主借」を用いて仕訳を行います．

（借方）現金　50,000　（貸方）事業主借　50,000

このように，取引において，事業での経費や収入とはならない部分が含まれていると考えられる場合は，すぐに「事業主貸」「事業主借」を頭に浮かべましょう．事業（その事業主）が貸すイメージの部分は「事業主貸」，事業が借りるイメージの部分は「事業主借」で仕訳を行います．両科目のスマホ試算表での配置例は 129 ページ（図）にあります．

事業主貸のイメージ

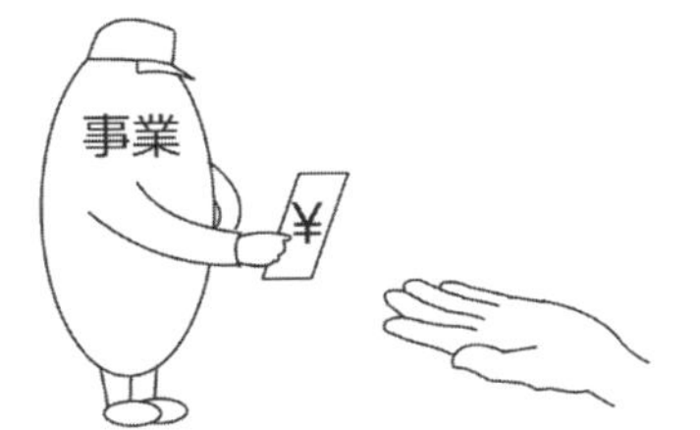

事業主借のイメージ

3 現金の管理

次の仕訳を考えてみましょう.

〔仕訳例〕商品13万円の仕入れにあたり，業務金庫の残金は10万円しかなかったので，他社で働いて得た給料9万円から不足分をまかなった.

(借方) 仕入	130,000	(貸方) 現金	100,000
		事業主借	30,000

事業用現金がゼロになれば，それ以上は持ち出せませんから，貸方記入の「現金」は10万円が限度です．したがって，不足分について「事業主借」を使います.

この取引例でわかるように，通常，事業用現金については，事業専用の金庫を備えるなどして，常にその出入りをチェックしなければ，適正な仕訳が行なえません.

もし，金庫の管理が面倒だという場合は，事業活動以外の現金収入も，すべて事業用現金とみなして取り扱うといった方法も採用できます（ただし，その分，仕訳数が増え，手間がかかることもあります)．上の取引例で示すと，次のような仕訳となります.

1. 給料9万円を受け取った.

(借方) 現金	90,000	(貸方) 事業主借	90,000

※この時点で，事業用現金残高は，金庫分と合わせて19万円となる.

2. 商品13万円を仕入れ，現金で支払った.

(借方) 仕入	130,000	(貸方) 現金	130,000

4　預金の取り扱い

事業以外にも私的に利用している兼用口座の取引例を考えます．本書では，事業の取引のみ仕訳を行い，「普通預金」の代わりに「事業主貸」「事業主借」を用います．

〈兼用口座の場合〉
〔仕訳例〕

1．自宅の水道料5千円が引き落とされた．
　仕訳なし

2．事業所の暖房灯油代3千円が引き落とされた．

（借方）	水道光熱費	3,000	（貸方）	事業主借	3,000

3．生活費1万円を引き出した．（取扱手数料108円）
　仕訳なし

4．1月分の売掛金9万円が，（当方負担）振込手数料5百円を差し引かれて得意先から振り込まれた．

（借方）	事業主貸	89,500	（貸方）	売掛金	90,000
	支払手数料	500			

※取扱手数料については，事業（当方）で負担するときは「支払手数料」の科目を使っています．

5．1月分の買掛金5万円を，（先方負担）振込手数料5百円を差し引いて仕入先へ振り込んだ．

（借方）	買掛金	50,000	（貸方）	事業主借	50,000

（

（借方）	買掛金	49,500	（貸方）	事業主借	49,500
	~~立替金~~	~~500~~		事業主借	500
	買掛金	500		~~立替金~~	~~500~~

）

もし，事業専用（とみなす）口座を開設すると「普通預金」の科目が用いられますから，前ページの仕訳は，次のようになります．

〈専用口座の場合〉
〔仕訳例〕

1. 自宅の水道料5千円が引き落とされた．

（借方）		（貸方）	
事業主貸	5,000	普通預金	5,000

※自宅分は，事業用の経費ではありませんから「水道光熱費」は使えません．したがって「事業主貸」となります．

2. 事業所の暖房灯油代3千円が引き落とされた．

（借方）		（貸方）	
水道光熱費	3,000	普通預金	3,000

3. 生活費1万円を引き出した．（取扱手数料108円）

（借方）		（貸方）	
事業主貸	10,108	普通預金	10,108

4. 1月分の売掛金9万円が，（当方負担）振込手数料5百円を差し引かれて得意先から振り込まれた．

（借方）		（貸方）	
普通預金	89,500	売掛金	90,000
支払手数料	500		

5. 1月分の買掛金5万円を，（先方負担）振込手数料5百円を差し引いて仕入先へ振り込んだ．

（借方）		（貸方）	
買掛金	50,000	普通預金	50,000

ここで「事業主貸」「事業主借」の仕訳を確認するために，次の問題に取り組んでみましょう．

書き込んでみよう！

次の仕訳を記入しなさい.

(1) 資金が不足してきたので, 生活費として手元にあった現金5万円を, 事業用金庫に入れた.

借方		貸方	

(2) 事業用現金で, 趣味の雑誌代千円を支払った.

借方		貸方	

(3) 事業とは関係のない友人からもらった商品券で, 事業用文具5千円を買った.

借方		貸方	

(4) 事業用口座から, 事業主の国民年金保険料1万5千円が引き落とされた.

借方		貸方	

(5) 事業とは関係のない原稿料3万円のうち3千円が源泉徴収され, 事業用口座に2万7千円が振り込まれた.

借方		貸方	

(6) 商品3万円を売り上げ, 事業用ではない私用口座に代金が振り込まれた.

借方		貸方	

〔解答例〕(1)(借方)現金50,000(貸方)事業主借50,000
(2)(借方)事業主貸1,000(貸方)現金1,000
(3)(借方)消耗品費5,000(貸方)事業主借5,000
(4)(借方)事業主貸15,000(貸方)普通預金15,000
(5)(借方)普通預金27,000(貸方)事業主借27,000
(6)(借方)事業主貸30,000(貸方)売上30,000

5　複合仕訳

3 において，次のような，借方「仕入」の相手科目が二つという仕訳例が出ていました．

（借方）	仕入	130,000	（貸方）	現金	100,000
				事業主借	30,000

このような，一つの取引を複数行で記録する仕訳は，複合仕訳とよばれます．スマホ仕訳帳は，金額が一行ごとに借方・貸方ともに同額となる仕組みですから，複合仕訳を入力するには，少し工夫が必要です（右ページ参照）．

（借方）	仕入	100,000	（貸方）	現金	100,000
	仕入	30,000		事業主借	30,000

上の入力では，仕訳帳と証憑書類（領収証等）との照合時などに「130000」の数字が見つけにくいという欠点があります．そこで，使用科目の「諸口」が使われます．

（借方）	仕入	130,000	（貸方）	諸口	130,000
	諸口	100,000		現金	100,000
	諸口	30,000		事業主借	30,000

ここで，諸口の借方から貸方を差し引くと，このページの最初の仕訳と同様になることがわかります．

（借方）	仕入	130,000	（貸方）	~~諸口~~	~~130,000~~
	~~諸口~~	~~100,000~~		現金	100,000
	~~諸口~~	~~30,000~~		事業主借	30,000

〈複合仕訳の入力〉

商品13万円の仕入れにあたり，金庫の残金は10万円しかなかったので，他社で働いた給料 9万円から不足分をまかなった．

1）貸方の金額に合わせて 仕入の金額を分割

	A	B	C	D	E	F	G	H
1	#	日付	借方科目	借方金額	貸方科目	貸方金額	摘要	写真
2	1		仕入	100000	現金	100000		
3	2		仕入	30000	事業主借	30000		
4	3					0		
5								

仕入金額13万円は合計してみないとわからない

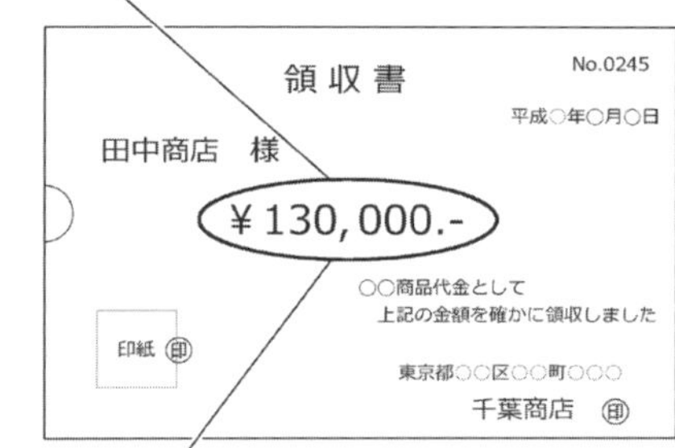

2）使用科目の「諸口」を利用

仕入金額13万円は見つけやすい

	A	B	C	D	E	F	G	H
1	#	日付	借方科目	借方金額	貸方科目	貸方金額	摘要	写真
2	1		仕入	130000	諸口	130000		
3	2		諸口	100000	現金	100000		
4	3		諸口	30000	事業主借	30000		
5								

2 経費の計上時期

発生主義の考え方に関連した経費の計上について，初心者の方が，特に迷いそうな仕訳を考えます．

1 短期の前払費用

地代家賃や管理費などは，月末に翌月分を支払うといった前払契約が一般的です．次の仕訳に取り組みます．

〔仕訳例〕1月31日に2月分の事業所家賃4万円を事業用現金で支払った．

この例では，契約にしたがって，1月末に家賃を支払いましたが，翌月分ですから家賃（経費）の発生は2月です．したがって，発生主義からすると，1月の経費としては計上できません．しかし，実際の支払いによって現金は減少しますから仕訳が必要です．そこで，1月31日の支払い時に，次の仕訳を行います．

（借方）前払費用※　40,000　（貸方）現金　40,000

※一定の契約によって，継続して役務の提供を受ける場合の先払い時に用いられる資産科目で，使用する場合は，決算書の貸借対照表科目欄に新規に書き加えることになります．

そして，2月に入ってから，次の仕訳で「地代家賃」を計上します．

（借方）地代家賃　40,000　（貸方）前払費用　40,000

この二つの仕訳をみると「前払費用」は借方，貸方ともに同額ですから，差し引き残額は0となり，結果的に，地代家賃として，現金40,000を支払った仕訳となります．

1
2
3
4
5
付録

（借方）~~前払費用　40,000~~　（貸方）現金　40,000
（借方）地代家賃　40,000　（貸方）~~前払費用　40,000~~

このように，前払契約による家賃は，原則として，二段階の仕訳が必要です．しかし，これでは二度手間となりますから，特別な事情がなければ，発生主義の例外※として，次のように，月末の支払い時に「地代家賃」として計上してかまいません．もちろん，この場合は，作為的な操作でないことを明らかにするためにも，同一処理を継続しなければなりません．

（借方）地代家賃　40,000　（貸方）現金　40,000

※参考（短期の前払費用）
所得税基本通達 37－30 の 2　前払費用（一定の契約に基づき継続的に役務の提供を受けるために支出した費用のうちその年 12 月 31 日においてまだ提供を受けていない役務に対応するものをいう．以下この項において同じ．）の額はその年分の必要経費に算入されないのであるが，その者が，前払費用の額でその支払った日から 1 年以内に提供を受ける役務に係るものを支払った場合において，その支払った額に相当する金額を継続してその支払った日の属する年分の必要経費に算入しているときは，これを認める．

2　未払金

1）水道光熱費

月払などの契約による水道や電気料金などについては，通常，使用量を計測したあとの請求となります．したがって，発生主義によれば，電気を使用した（請求書等を受け取った）時点で料金を計上すべきですから，負債科目の「未払金（未払経費）」などを使い段階的に仕訳を行うのが原則になります．

〔仕訳例〕
2 月 10 日　1 月分の電気料金 5 千円の請求書が届いた．
（借方）水道光熱費　5,000　（貸方）未払金　5,000

2月21日　事業用現金で支払った.

（借方）未払金　5,000　（貸方）現金　5,000

2）クレジットカードの利用

〔仕訳例〕

2月11日　クレジット会社から1月分の利用明細書（事務用品代7千円）を受け取った. 引落日は, 2月27日.

（借方）消耗品費　7,000　（貸方）未払金　7,000

2月27日　クレジット代金が兼用口座から引き落とされた.

（借方）未払金　7,000　（貸方）事業主借　7,000

実務上, 1), 2）などの計上時期については, 地代家賃の例と同様に, 事務処理の手間を軽減するため, 支払い（引落）時に行う場合が多く見られます.

重要性の高くない経費科目の計上時期については, 売上や仕入ほど厳格に発生主義を適用しない処理法も認められる場合があります.

3　開業までの費用

事業を開始するまでに発生している経費は, 開業日の日付で計上できます.（現金は, 事業用として準備していないものとします.）

1）開業費

〔仕訳例〕

事業開始前に, 広告や印鑑, 名刺作成費用として, 8万円を支払った.

（借方）開業費　80,000　（貸方）事業主借　80,000

ただし, 税法では, 開業費の任意償却を認めていますから, 直ちに費用化せずに, 繰延資産（くりのべしさん）※として計上しておき, 所得の動きに応じて償却すると節税になる場合があります. もちろん, 開業費の内容を証明する各証憑書類は，保存が必要です．

※本来，経費として計上すべき費用であるが，費用の効果が長期に及ぶため，貸借対照表の資産として計上し，次期以降に費用を繰り延べたもの．

2）敷金と礼金

事業所等の賃貸借契約の敷金や礼金については，原則として，開業費で処理せずに，次のような仕訳を行います．

〔仕訳例〕

事業所の賃貸借契約を締結し，敷金10万円，礼金（契約終了後返還されない金銭）25万円を支払った．

（借方）		（貸方）	
敷金	100,000	事業主借	350,000
長期前払費用	250,000		

契約終了時に全額返還される敷金については，経費となりませんから「敷金」科目などで資産に計上します．また，返還されない礼金等については，その額が20万円未満であれば「地代家賃」として処理できますが，20万円以上の場合は「長期前払費用」として資産に計上して，賃貸期間，あるいは5年間で償却することになります．

3 家事関連費

1 条 文

自宅で事業を営んでいる場合は，家賃や通信費，水道光熱費などの費用は，事業と事業以外で使用した分が混在します．このような費用は家事関連費(かじかんれんひ)とよばれ，原則として，(必要) 経費として認められません (所得税法第45条)．しかし，事業での使用分が含まれているのは確かですから，課税が公平となるように，その一部を経費と認めてくれる場合があります．その要件などは，節税の重要なポイントとなりますから，関連する条文の一部を，次に掲げておきます．

> 主たる部分が業務上必要な経費で，かつ，その必要である部分を明らかに区分できる場合 (所得税法施行令第96条第1号)

また，青色申告の場合は，次のように定められています．

> 取引の記録等に基づいて，業務の遂行上直接必要であつたことが明らかにされる部分の金額 (所得税法施行令第96条第2号)

(主たる部分等の判定等)
所得税基本通達45－1　令第96条第1号〈家事関連費〉に規定する「主たる部分」又は同条第2号に規定する「業務の遂行上直接必要であったことが明らかにされる部分」は，業務の内容，経費の内容，家族及び使用人の構成，店舗併用の家屋その他の資産の利用状況等を総合勘案して判定する．
(業務の遂行上必要な部分)
所得税基本通達45－2　令第96条第1号に規定する「主たる部分が不動産所得，事業所得，山林所得又は雑所得を生ずべき業務の遂行上必要」であるかどうかは，その支出する金額のうち当該業務の遂行上必要な部分が50%を超えるかどうかにより判定するものとする．ただし，当該必要な部分の金額が50%以下であっても，その必要である部分を明らかに区分することができる場合には，当該必要である部分に相当する金額を必要経費に算入して差し支えない．

これらの条文から，適正な帳簿を備えることによって，青色申告はもちろんのこと，白色申告であっても，家事関連費の一部は，経費として認められる可能性があります．

2 按分計算

先の条文に基づき，家事関連費から事業用分（金額）を算定するには，一般に，按分（あんぶん）計算が行われます．按分とは，基準となる数量に比例して，物などを分ける方法です．家事関連費に関する按分の基準については，使用頻度などに応じて，誰もが納得する合理的なものでなければならないとされています．したがって，基準の採用にあたっては，その根拠が第三者にも説明できるようにしておきましょう．

【按分の基準の一例】

家　賃：床面積
電気代：使用時間
通信費：仕事時間
車両費：走行距離

具体的に，仕訳例で見ていきます．

〔仕訳例〕

賃貸マンションの月払家賃３万円が兼用口座から引き落とされた．ただし，床面積の３分の１は，事業専用として業務で使用している．

（借方）地代家賃　10,000　（貸方）事業主借　10,000

按分の基準を床面積にすると，事業用床面積は，全体の３分の１ですから，家賃３万円のうち，１万円が「地代家賃」となります．

また，賃貸ではなく持ち家の一部を業務に使用している場合は，家屋の減価償却費，火災保険料，固定資産税，そして，住宅ローン返済中であれば元本を除く金利部分などが，按分の対象となり，経費として計上できることがあります．

　なお，ここでは一月分(ひとつきぶん)の家事関連費の按分例をとりあげていますが，期末の決算時に，一年分を一括して按分処理する方法も行われています．

　このような節税につながる記帳法については，関連する書籍などを利用して，自ら学んで知識を身につけるようにしましょう．

書き込んでみよう！

　次の仕訳を記入しなさい．

　2月2日，自宅兼事業所の1月分の電気料金5千円を，事業用現金で支払った．ただし，事業での電気使用時間は，全体の10%である．なお，計上時期は，経理の煩雑さを避けるために，支払日としている．

電気料金領収書

お振込人　タナカ　タロウ

払込金額　○○年01月分

5,000 円

（内消費税等相当額　***円）

料金内訳		
	基本料金	***.**円
	最初の120kWh	*,***.**円
	121~300kWh	*,***.**円
	301kWh~	0円
	燃料費調整額	***.**円
	再エネ賦課金	***.**円

お支払期日
○○年02月20日

○.02.02

本州電力株式会社

借方		貸方	

〔前ページの解答例〕

借方	水道光熱費 500 事業主貸 4,500	貸方	現金 5,000

ここで,上の仕訳を,スマホ仕訳帳に入力してみましょう.複合仕訳ですから,諸口を使います.

仕訳帳

	#	日付	借方科目	借方金額	貸方科目	貸方金額	摘要	写真
2	1	1月12日	仕入	80000	現金	80000	千葉商店	170113
3	2	1月13日	現金	10000	仕入	10000	千葉商店 傷で値引	***
4	3	1月15日	広告宣伝費	20000	現金	20000	エム広	***
5	4	1月16日	現金	10000	広告宣伝費	10000	エム広 計算違い	***
6	5	1月18日	現金	120000	売上	120000	文京商店	***
7	6	1月19日	売上	30000	現金	30000	文京商店 汚れで値引	***
8	7	1月21日	仕入	50000	買掛金	50000	埼玉商店	170122
9	8	1月24日	売掛金	90000	売上	90000	江東商店	***
10	9	2月2日	諸口	5000	現金	5000	本州電力 1月分	***
11	10	2月2日	水道光熱費	500	諸口	500	本州電力 1月分10%	***
12	11	2月2日	事業主貸	4500	諸口	4500	本州電力 1月分私用	***
13								

仕訳帳 試算表 +

試算表

事業主貸は「4500」増加

現金は「5000」減少

	A	B	C	D	E	F
1	区分	使用科目	借方合計	貸方合計	試算表残高	
2	資産	現金	140000	135000	5000	
3	資産	売掛金	90000	0	90000	
4	資産	事業主貸	4500	0	4500	
5	負債	買掛金	0	50000	-50000	
6	負債	事業主借	0	0	0	
7	収入	売上	30000	210000	-180000	
8	売上原価	仕入	130000	10000	120000	
9	経費	水道光熱費	500	0	500	
10	経費	広告宣伝費	20000	10000	10000	
11	–	諸口	5000	5000	0	
12						

仕訳帳 試算表

水道光熱費は「500」発生

諸口の残高は必ず「0」

4 実践のすすめ

仕訳のルールを覚えることで，基本的な取引については，スマホ仕訳帳に入力できるようになります．しかし，実際に，記帳を始めてみると，事業の規模や業態の違いはもちろんのこと，業種独特の取引や慣例などから，仕訳に迷う場面がたくさんでてくることでしょう．

それだけに，慣れないうちは，簡単に記帳が進まず手間もかかります．疑問点があれば，国税庁ホームページなどを利用して調べるか，あるいは，直接，税務署に問い合わせる必要もでてくるかもしれません．しかし，これを，数ヶ月続けることで，次第に記帳の要領がわかるようになるはずです．

最もまずいのは，完全にマスターしてから記帳しようとして，いつまでたっても記帳を始めないことです．繰返しになりますが，スマホ帳簿は，証憑書類のよびだしやマーキングなどで過去の記録チェックが簡単に行えます．始めたばかりの頃に記帳したあやふやな仕訳部分も，いつでもその取引の証憑書類をよびだして確認や修正が可能です．

毎日，取引の仕訳に取り組み，入力を繰り返すうちに，帳簿の仕組みや考え方がわかるようになり「以前，迷っていた仕訳も，習うより慣れよで次第にコツがつかめてきた」という話はよく聞きます．したがって，最初は，スマホ仕訳帳に入力した自分の仕訳が，正しいのか不安になるかもしれませんが，まずは実践してみることです．記帳の上達には，知識を身につけることと並んで，経験の積み重ねも欠かせないと考えています．

（事業の成長と青色申告）

スマホ試算表は，いつでも大まかながら所得金額が表示できますから，将来，事業が成長，規模などが拡大して所得が生じそうなときは，早めに青色申告の検討を始めましょう．青色申告特別控除や純損失の繰越控除といった特典が利用できます．

青色申告の具体的な特典の内容については，税務署のパンフレット『はじめてみませんか？青色申告！』（国税庁ホームページからもダウンロード可能）などに説明があります．

また，青色申告では，備えなければならない帳簿などが増えますから，スマホでの帳簿作成では，効率が悪くなります．したがって，会計ソフトの導入も考えなければなりません．これは，売上高が1000万円を超える，従業員を雇う，あるいは，消費税を税抜きで計算したいなどという場合も同様です．

会計ソフトは，各種市販されていますから，本書で身につけた帳簿や仕訳の知識を活かして，最も自分の事業に適したものを選択しましょう．

付録

参照決算書

付録に掲載している決算書類は，スマホで国税庁ホームページからダウンロードしたものを参考に作成しています．したがって，執筆時点のものですから，実際に参考にされる場合は，最新の決算書類も確認してください．

1 青色申告決算書

1 損益計算書

1）所得の算定式

売上原価＝期首商品棚卸高＋仕入－期末商品棚卸高

損　益　計　算　書

科目			金額(円)	科目			
売上(収入)金額		①		経費	消耗品費	⑰	
売上原価	期首商品棚卸高	②			減価償却費	⑱	
	仕入金額	③			福利厚生費	⑲	
	小計(②＋③)	④			給料賃金	⑳	
	期末商品棚卸高	⑤			外注工賃	㉑	
	差引原価(④－⑤)	⑥			利子割引料	㉒	
差引金額(①－⑥)		⑦			地代家賃	㉓	
					貸倒金	㉔	
						㉕	
経費	租税公課	⑧				㉖	
	荷造運賃	⑨				㉗	
	水道光熱費	⑩				㉘	
	旅費交通費	⑪				㉙	
	通信費	⑫				㉚	
	広告宣伝費	⑬			雑費	㉛	
	接待交際費	⑭			計	㉜	
	損害保険料	⑮		差引金額(⑦－㉜)		㉝	
	修繕費	⑯					

収入金額－売上原価

売掛金や貸付金などで回収不能となる
見積額を貸倒引当金（繰入額と繰戻額）
科目を使って 毎期一定額を計上

（自　月　日至　月　日）

金　額（円）	科　目				金　額（円）
	各種引当金・準備金等	繰戻額等	貸倒引当金	㉞	
				㉟	
				㊱	
			計	㊲	
		繰入額等	専従者給与	㊳	
			貸倒引当金	㊴	
				㊵	
				㊶	
			計	㊷	
	青色申告特別控除前の所得金額（㉝＋㊲－㊷）			㊸	
	青色申告特別控除額			㊹	
	所得金額（㊸－㊹）			㊺	

一定の要件のもとで
必要経費として認められる
配偶者や親族への給料

経費

収入金額 － 売上原価 － 経費

収入金額 － 売上原価 － 経費 ＋ 繰戻額 － 繰入額 － 青色申告特別控除額
（各種引当金・準備金等）

2）主な科目の内容

損　　益

科目			金額(円)
売上(収入)金額		①	
売上原価	期首商品棚卸高	②	
	仕入金額	③	
	小計(②+③)	④	
	期末商品棚卸高	⑤	
	差引原価(④−⑤)	⑥	
差引金額(①−⑥)		⑦	
経費	租税公課	⑧	
	荷造運賃	⑨	
	水道光熱費	⑩	
	旅費交通費	⑪	
	通信費	⑫	
	広告宣伝費	⑬	
	接待交際費	⑭	
	損害保険料	⑮	
	修繕費	⑯	

- 租税公課：印紙税，事業税，固定資産税，自動車税など
- 荷造運賃：商品の売上げ時の運賃・配送料など
- 水道光熱費：水道，電気，ガス料金，灯油代など
- 旅費交通費：電車賃，バス代，タクシー代，ガソリン代 駐車料金，宿泊費など
- 通信費：切手・はがき代，電話代，プロバイダ料など
- 広告宣伝費：新聞，雑誌，チラシ，折込みなどの広告費
- 接待交際費：得意先等との飲食代，中元，歳暮など
- 損害保険料：火災保険料，自動車の損害保険料など
- 修繕費：店舗・器具備品などの修理代

計　算　書　（自

	科　　目		金　額
経費	消耗品費	⑰	
	減価償却費	⑱	
	福利厚生費	⑲	
	給料賃金	⑳	
	外注工賃	㉑	
	利子割引料	㉒	
	地代家賃	㉓	
	貸倒金	㉔	
		㉕	
		㉖	
		㉗	
		㉘	
		㉙	
		㉚	
	雑費	㉛	
	計	㉜	
差引金額 (⑦－㉜)		㉝	

- 消耗品費：事務用品，包装紙，電化製品などの消耗品購入費（10万円未満ルールあり）
- 減価償却費：日々の取引とは直接関係なく決算で計上
- 福利厚生費：従業員の慰安などのために事業主が支出した費用
- 給料賃金：従業員に支払う給料・賃金など（一定の親族の給料支払いには使えない）
- 外注工賃：業務の一部を外部の専門業者等に委託したときの料金など
- 利子割引料：事業用資金の借入金の利子など
- 地代家賃：店舗等の敷地の地代や家賃など
- 貸倒金：売掛金，前渡金などの債権が貸倒れとなったときに計上
- 雑費：事業（営業）上の少額の費用で他の科目に当てはまらない経費

【補　足】

(1) 租税公課（そぜいこうか）

所得税，相続税，住民税，国民健康保険税，国民年金の保険料などは必要経費として計上できません．

(2) 荷造運賃（にづくりうんちん）

同じ運賃でも，商品を仕入れた場合は，仕入金額に直接加算します．

(3) 水道光熱費

事業所兼自宅の場合は，按分計算となります．

(4) 旅費交通費

電車賃などで，領収書がもらえない場合は，利用目的が事業用であることが客観的にわかるメモを作成して撮っておきましょう．そして仕訳帳摘要欄にもその旨，入力します．

(5) 通信費

兼用電話の場合は，基本料金を折半して，利用明細書などの使用状況で按分します．切手などのまとめ買いは，購入時に「貯蔵品」として資産に計上すべきですが，少額の場合は，そのまま「通信費」としてかまいません．

(6) 広告宣伝費

名刺などは，消耗品費としてもかまいません．

(7) 接待交際費

事業での必要性が客観的に証明できるように，相手先や贈答先とその目的や理由を明確にして，仕訳帳の摘要欄や領収書にその内容を記載しておきます．

(8) 損害保険料

火災保険料などで，1年を超える保険期間の保険料を一括で支払った場合は，期間配分計算が必要とされる場合があり，その時は，決算時に「前払経費（前払費用)」を使った計上となります．

(9) 修繕費

資産の価値を高め，使用可能期間（具体的には税法で法定耐用年数として決められています）を延長できるような修繕の場合は，その支出全額がその年の必要経費にはなりません．原則として，資産に計上して（11）の減価償却を行います．

(10) 消耗品費

原則として，耐用年数が1年未満，あるいは，一個，あるいは，一組の取得価額が10万円未満のものをいいます．10万円の基準は，購入にともなって発生した配送料などの付随費用も含めなければなりません．また，税込経理方式であれば税込金額で判定します．1年以上，又は，10万円以上のものについては「工具・器具・備品」の科目で計上して減価償却を行いますが，20万円未満であれば，3年で償却する「一括償却資産」や青色申告者については，取得価額が30万円未満であれば一括費用計上できる「少額減価償却資産の特例を適用（合計が300万円まで)」の特典があります．

（11）減価償却費

店舗や自動車，備品などで，長期間の使用や時間の経過により，価値が減少するものは減価償却資産とよばれ，事前に償却法の届出をしていなければ，決算時に，次のような計算式を使って，1年分の価値減少分を見積もり，その金額を「減価償却費」として計上します．

具体的な計算法や内容については，『収支内訳書の書き方』（国税庁）などに記載されており，確定申告書等作成コーナーでも計算できます．

定額法の減価償却費＝取得価額×耐用年数に応じた償却率

（12）福利厚生費

従業員の慰安，医療，衛生，保健などのために事業主が支出した費用や事業主が負担すべき従業員の健康保険，厚生年金，雇用保険などの保険料や掛金が福利厚生費となります．

（13）給料賃金

従業員に給料等を支払う場合は，源泉所得税，住民税，社会保険料などの徴収事務が必要となり，賃金台帳などの帳簿を備えなければなりません．

（14）外注工賃（がいちゅうこうちん）

外注工賃の支払いには，原則として，源泉徴収の必要はありません．

（15）利子割引料（りしわりびきりょう）

割引料は，手形の支払い期日前に，金融機関などで現金化したときに，期日までの金利として支払うものをいいます．

（16）地代家賃

生計を一とする親族から賃貸している場合は，必要経費として認められません．生計を一にするとは，同居していて生活の財源が同一であることをいいますが，別居の場合でも生活費の送金などが行われている場合などは該当します．

（17）貸倒金（かしだおれきん）

売掛金や貸付金が回収できなくなることを貸倒れといいます．貸倒金として経費に計上するには，取引先の状況を確認して，法的に債権が消滅するなどの客観的な要件が必要になります．

（18）雑　費

他の科目に当てはまらない費用ということになりますが，少額で重要性の低いもの，あるいは，単発的な費用などに限り使用しましょう．この科目の金額が大きいと，仕訳の信憑性が疑われかねません．

2 貸借対照表

〈所得の算定式と主な科目の内容〉

貸 借 対 照 表

資産の部		
科目	月 日(期首)	月 日(期末)
現金	円	円
当座預金		
定期預金		
その他の預金		
受取手形		
売掛金		
有価証券		
棚卸資産		
前払金		
貸付金		
建物		
建物附属設備		
機械装置		
車両運搬具		
工具 器具 備品		
土地		
事業主貸		
合計		

- 現金：他人が振り出した小切手なども現金科目
- 当座預金：小切手が振り出せる口座で無利息
- 売掛金：商品の掛け売りに関して使用（売上の未収入金など）
- 有価証券：株，国債，社債券など
- 棚卸資産：在庫を確認（棚卸）すべき商品など
- 前払金：商品やサービス代金の先払いに関して使用
- 貸付金：取引先などへの金銭の貸し付けに関して使用
- 建物：事業用に所有する事務所や店舗など
- 建物附属設備：電気，ガス，空調設備など
- 車両運搬具：事業用に所有する自動車など
- 工具器具備品：事業用の机・椅子，応接セット，パソコン，複写機，エアコンなど
- 土地：事務所，店舗などの敷地

（注）「元入金」は，「期首の資産の総額」から「期首の負債の総額」

（資産負債調）

（平成　年　月　日現在）

負債・資本の部		
科　目	月　日(期首)	月　日(期末)
支払手形	円	円
買掛金		
借入金		
未払金		
前受金		
預り金		
貸倒引当金		
事業主借		
元入金		
青色申告特別控除前の所得金額		
合　計		

を差し引いて計算します．

買掛金：商品の掛け買い（仕入）など主たる営業活動で発生した未払いに使用（未払金とは区別すること）

未払金：固定資産の購入などで１年以内に支払われる未払い額（電気・ガス・水道料金などの未払い額も使用可）

前受金：売上代金の前受け額など

預り金：従業員の給与から天引きした源泉所得税や社会保険料など

貸倒引当金：売掛金などの取立不能の見込み額

元入金（期首）：期首の資産総額 － 期首の負債総額

元入金（期末）：期末の資産総額 － 期末の負債総額 － 期首の元入金
（期末の事業主借を含む）

白色申告では，貸借対照表を添付する必要はなく，次の収支内訳書を作成します．各科目の内容については，損益計算書とほぼ同様です．ここで確認しておきましょう．なお，「家事消費」「専従者控除」については，右ページの【補足】でとりあげています．

収　支　内　訳　書（自　月　日至　月　日）

科目			金額(円)	科目			金額(円)
収入金額	売上(収入)金額	①		経費 その他の経費	旅費交通費	㋥	
	家事消費	②			通信費	㋭	
	その他の収入	③			広告宣伝費	㋬	
	計(①+②+③)	④			接待交際費	㋣	
売上原価	期首商品棚卸高	⑤			損害保険料	㋠	
	仕入金額	⑥			修繕費	㋷	
	小計(⑤+⑥)	⑦			消耗品費	㋦	
	期末商品棚卸高	⑧			福利厚生費	㋸	
	差引原価(⑦−⑧)	⑨				㋾	
差引金額(④−⑨)		⑩				㋻	
経費	給料賃金	⑪				㋕	
	外注工賃	⑫				㋵	
	減価償却費	⑬				㋟	
	貸倒金	⑭			雑費	㋹	
	地代家賃	⑮			小計(㋑〜㋹までの計)	⑰	
	利子割引料	⑯			経費計(⑪〜⑯までの計＋⑰)	⑱	
その他の経費	租税公課	㋑		専従者控除前の所得金額(⑩−⑱)		⑲	
	荷造運賃	㋺		専従者控除		⑳	
	水道光熱費	㋩		所得金額(⑲−⑳)		㉑	

【補　足】

(1) 家事消費(かじしょうひ)

家事消費は，商品などの棚卸資産を，事業ではなく私用で消費，あるいは，贈与した場合の仕訳に用いられる科目です．収支内訳書の収入金額欄内に配置されていますから，収入として扱われる科目ということがわかります．したがって，次のような仕訳となります．

〔仕訳例〕仕入価額七千円（販売価格一万円）の商品を，自宅で使用した．

（借方）事業主貸　　7,000　　（貸方）家事消費　　7,000

家事消費は収入の科目ですから，発生したら（貸方）です．また，相手科目は事業主貸になります．

家事消費のポイントは，仕訳時の金額です．原則として，販売価額となりますが，特例として仕入価額を収入金額としても差し支えないとされています．ただし，仕入価額が通常の販売価額のおおむね70％の金額よりも低いときは，70％となります．

(2) 専従者控除(せんじゅうしゃこうじょ)

次のような要件を満たす事業に従事する白色申告者の配偶者や親族（事業専従者）に給与を支払う場合は，専従者控除が受けられます．

〔要　件〕

・白色申告者と生計を一にする配偶者その他の親族であること（年齢は15歳以上）．
・その年を通じて六ヶ月を超える期間，事業に専ら従事していること．

〔控除額〕

・配偶者　86万円
・配偶者以外の親族　50万円

※ただし，「所得の合計÷(専従者の数＋1)」の金額が，上記の金額よりも低い場合は，この式の算定額が控除の上限となる．

なお，この控除を利用すると，事業専従者は，控除対象配偶者や扶養親族にはなれません．

索　引

◇ア　行◇

◇カ　行◇

◇サ　行◇

◇タ 行◇

◇ナ 行◇

Memo

Memo

〈著者略歴〉
本 田 忠 彦（ほんだ　ただひこ）
昭和 54 年　中央大学卒業
　　　　　　早稲田大学大学院を経て福岡大学大学院博士課程を修了
現　　在　本田設計事務所主宰
　　　　　　南九州大学非常勤講師

スマホでできる！　かんたん記帳のはじめ方
— Excelアプリの活用で経理の基本をマスター —

平成 29 年 11 月 10 日　　第 1 版第 1 刷発行

著　　者　本田忠彦
発 行 者　村上和夫
発 行 所　株式会社　オーム社
　　　　　郵便番号　101-8460
　　　　　東京都千代田区神田錦町 3-1
　　　　　電 話　03(3233)0641(代表)
　　　　　URL　http://www.ohmsha.co.jp/

組版　タイプアンドたいぽ　　　印刷・製本　壮光舎印刷
ISBN 978-4-274-22154-5　　Printed in Japan